东北历史与文化研究丛书

满学研究论文索引（上）

主　编　张戍　田青
副主编　王鹰　杨柳

吉林文史出版社

图书在版编目（CIP）数据

满学研究论文索引．上／张戍，田青主编．－－长春：吉林文史出版社，2016.12
ISBN 978-7-5472-2568-4

Ⅰ．①满… Ⅱ．①张… ②田… Ⅲ．①满族－民族学－论文－索引－中国 Ⅳ．①Z89：K282.1

中国版本图书馆CIP数据核字(2016)第311290号

满学研究论文索引（上）

MANXUE YANJIU LUNWEN SUOYIN SHANG

主编／张戍　田青
副主编／王鹰　杨柳
责任编辑／康迈伦
封面设计／孙浩瀚
印装／北京市媛明印刷厂
开本／720mm×1000mm　1/16
字数／180千字
印张／10
版次／2017年1月第1版　2017年1月第1次印刷
出版发行／吉林文史出版社（长春市人民大街4646号）
联系电话／0431-86037516　13578885062
www.jlws.com.cn
书号／ISBN 978-7-5472-2568-4
定价／30.00元

目 录

编辑说明 …………………………………………………………… 1
分类索引 …………………………………………………………… 1
一、通论 …………………………………………………………… 1
二、政制、经济、法律 …………………………………………… 11
 （一）政治综述 ………………………………………………… 11
 （二）对外关系 ………………………………………………… 15
 （三）八旗制度 ………………………………………………… 17
 （四）经济 ……………………………………………………… 20
 （五）法律 ……………………………………………………… 23
三、哲学与宗教 …………………………………………………… 25
 （一）哲学 ……………………………………………………… 25
 （二）宗教 ……………………………………………………… 26
四、历史 …………………………………………………………… 42
 （一）先世遗民 ………………………………………………… 42
 （二）族源、族称 ……………………………………………… 43
 （三）谱系、宗族、姓氏 ……………………………………… 48
五、文献与考古 …………………………………………………… 55
 （一）文献、档案、史料 ……………………………………… 55

    （二）文物考古⋯⋯⋯⋯⋯⋯⋯⋯⋯⋯⋯⋯⋯⋯⋯⋯ 64
    （三）研究、考订⋯⋯⋯⋯⋯⋯⋯⋯⋯⋯⋯⋯⋯⋯ 67
六、文学⋯⋯⋯⋯⋯⋯⋯⋯⋯⋯⋯⋯⋯⋯⋯⋯⋯⋯⋯⋯ 70
    （一）理论综述⋯⋯⋯⋯⋯⋯⋯⋯⋯⋯⋯⋯⋯⋯⋯ 70
    （二）小说、诗歌、散文、剧本⋯⋯⋯⋯⋯⋯⋯⋯ 74
    （三）神话、传说、故事、歌谣⋯⋯⋯⋯⋯⋯⋯⋯ 80
七、艺术⋯⋯⋯⋯⋯⋯⋯⋯⋯⋯⋯⋯⋯⋯⋯⋯⋯⋯⋯⋯ 91
    （一）音乐、舞蹈、戏剧、曲艺⋯⋯⋯⋯⋯⋯⋯⋯ 91
    （二）书法、绘画、雕刻⋯⋯⋯⋯⋯⋯⋯⋯⋯⋯ 107
    （三）剪纸、刺绣、建筑工艺⋯⋯⋯⋯⋯⋯⋯⋯ 110
八、社会与民族⋯⋯⋯⋯⋯⋯⋯⋯⋯⋯⋯⋯⋯⋯⋯⋯ 120
    （一）社会状况⋯⋯⋯⋯⋯⋯⋯⋯⋯⋯⋯⋯⋯⋯ 120
        1.社会性质及阶层⋯⋯⋯⋯⋯⋯⋯⋯⋯⋯⋯ 120
        2.人口、村落⋯⋯⋯⋯⋯⋯⋯⋯⋯⋯⋯⋯⋯ 124
        3.女性⋯⋯⋯⋯⋯⋯⋯⋯⋯⋯⋯⋯⋯⋯⋯⋯ 125
    （二）生活习俗⋯⋯⋯⋯⋯⋯⋯⋯⋯⋯⋯⋯⋯⋯ 126
        1.综述⋯⋯⋯⋯⋯⋯⋯⋯⋯⋯⋯⋯⋯⋯⋯⋯ 126
        2.饮食服饰⋯⋯⋯⋯⋯⋯⋯⋯⋯⋯⋯⋯⋯⋯ 131
        3.居住出行⋯⋯⋯⋯⋯⋯⋯⋯⋯⋯⋯⋯⋯⋯ 138
        4.婚育丧葬⋯⋯⋯⋯⋯⋯⋯⋯⋯⋯⋯⋯⋯⋯ 143
        5.礼仪礼节⋯⋯⋯⋯⋯⋯⋯⋯⋯⋯⋯⋯⋯⋯ 148
        6.节日节令⋯⋯⋯⋯⋯⋯⋯⋯⋯⋯⋯⋯⋯⋯ 149
    （三）民族学与人类学⋯⋯⋯⋯⋯⋯⋯⋯⋯⋯⋯ 150

编辑说明

本索引收录了自1950至2013年12月间，国内公开或内部出版的有关满学研究方面的中文论文，共计4000余篇。

本索引分为通论；政制、经济、法律；哲学、宗教；历史；文献与考古；文学；艺术；社会生活与民族；语言文字；文化与文化交流；军事、地理；医药、科技；各类人才、民族人物；书评、序言、会议综述十四项，有十一项下又分子目，且部分子目又酌设了细目。

本索引采用公元纪年，凡原文采用年号纪年法的均换算为公元纪年，不再注明。

本索引采用简体字排印，严格依据"第一批简化字表"著录，不做类推简化，对原文使用的不规范简化字均做校正，不再注明。

原文中出现的满文字符，均用国际学界通用的罗马字母转写代替，不再注明。

本索引论文条目依出版年份及题名汉语拼音为序。

本索引所附作者索引，按照汉语拼音顺序排列，只著录论文编号。

本索引所收论文根据国家标准GB 3793—83《检索期刊条目著录规则》，结合报纸、论文集、博硕士论文的特点进行著录，其格式分别为：

1.期刊论文

> ①顺序号②文献题名③/责任者，多责任者的用逗号分隔④//期刊名称⑤.—年,(卷期)⑥.—起止页

2.报纸论文

①顺序号②文献题名③/责任者，多责任者的用逗号分隔④//报纸名称⑤.—年.月.日

3.论文集论文

①顺序号②文献题名③/责任者，多责任者的用逗号分隔④//论文集名称：出版社⑤.—年.月⑥.—起止页

4.博硕士论文

①顺序号②文献题名③/责任者④（责任者单位）⑤//学位授予单位⑥.—年.月.日

分类索引

一、通论

0001　有关满族历史上若干问题的讨论//中国民族.—1962,(7).—32~33

0002　满族是我国历史悠久的民族——驳斥"满族非中国"的反动谬论/林家有//文史哲.—1975,(2).—87~94

0003　关于满族形成中的几个问题/王锺翰//社会科学战线.—1981,(1).—129~136

0004　满族是能歌善舞的民族/赵展//中国民族.—1982,(6).—32~33

0005　满族共同体的形成与民族融合/朱诚如//辽宁师院学报.—1983,(2).—56~64

0006　北京郊区的满族/金启孮//满族研究.—1985,(1).—80~84

0007　北京郊区的满族(续)/金启孮//满族研究.—1985,(2).—75~82

0008　满族对我国多民族统一国家建立与形成的贡献/乌兰巴特//满族研究.—1985,(2).—93~96+32

0009　满族历史中的几个问题/李燕光//满族研究.—1985,(1).—19~25

0010　满族人与皇太极/吴扎拉克尧//学习与探索.—1985,(2).—145

0011　满族史研究刍议/李洵//满族研究.—1985,(1).—15~18

0012　满族与《满族研究》/鲁阳//社会科学辑刊.—1985,(5).—94

0013　北京郊区的满族(续)/金启孮//满族研究.—1986,(1).—64~70

0014　北京郊区的满族(续)——第二部分 散居的满族/金启孮//满族研究.—1986,(3).—79~82

0015　从一张洪宪元年批示看当时北京满族状况/赵书//满族研究.—1986,

（3）.—32

0016　论满族的崛起/孙文良//民族研究.—1986,（1）.—7~15

0017　满学在新中国的复兴/赵展//满族研究.—1986,（2）.—19~26

0018　满族发展史上的几个问题/孙文良//满族研究.—1986,（2）.—27~33

0019　浅谈拉林地区的满族/郎国兴//黑龙江民族丛刊.—1986,（4）.—28~29

0020　清朝统一是历史的必然/左书谔//满族研究.—1986,（3）.—3~9

0021　要正确地看待满族/白非//满族研究.—1986,（1）.—3~6

0022　八旗制度下的满族/马协弟//满族研究.—1987,（2）.—28~34

0023　北京郊区的满族（续）——第三部分 园寝附近的满族/金启孮//满族研究.—1987,（1）.—37~46

0024　北京郊区的满族（续）——四、京兆农村的样相（二）——农村的其他少数民族化/金启孮//满族研究.—1987,（2）.—55~63

0025　关于清代"新满洲"的几个问题/刘小萌//满族研究.—1987,（3）.—26~32

0026　略论"新满洲"/吴智超//满族研究.—1987,（1）.—92~95+72

0027　满洲八旗中的各民族/马力//满族研究.—1987,（3）.—19

0028　满洲的勃兴与民族的融合——兼谈民族文化关系/赵志辉//满族研究.—1987,（4）.—16~22

0029　我的民族是满族/关山复//中国民族.—1987,（1）.—18

0030　辛亥革命前后的满族/古竹//满族研究.—1987,（3）.—91~96

0031　新中国成立后满族的发展/何溥滢//满族研究.—1987,（4）.—90~96

0032　广州满族访问记/马协弟//满族研究.—1988,（2）.—36~41

0033　京旗的满族/金启孮//满族研究.—1988,（3）.—63~66

0034　京旗的满族（续）/金启孮//满族研究.—1988,（4）.—58~64

0035　满族崛起的历史基因/马延泉//黑龙江民族丛刊.—1988,（3）.—55~58

0036　满族试论/关克笑//满族研究.—1988,（1）.—66~71

0037　浅谈承德满族/门育生//满族研究.—1988,（4）.—65~68

0038　清代广州满族述略/马协弟//满族研究.—1988,（1）.—61~65

0039　如何正确看待满族之浅见/张佳生//民族研究.—1988,(6).—23~29

0040　关于贵州满族研究的几个问题/李知仁//贵州民族研究.—1989,(4).—100~106

0041　京旗的满族(续)/金启孮//满族研究.—1989,(3).—47~50

0042　京旗的满族(续)/金启孮//满族研究.—1989,(2).—66~80+16

0043　京旗的满族(续)/金启孮//满族研究.—1989,(4).—33~36+3

0044　京旗的满族(续)/金启孮//满族研究.—1989,(1).—56~64

0045　辛亥革命前后的北京满族人/赵书//满族研究.—1989,(3).—15~19

0046　从满族乐器的形成看满族的兼容性/李理//满族研究.—1990,(1).—89~90

0047　福建省晋江县龙湖乡粘氏满族情况调查/李天锡,粘国民//满族研究.—1990,(2).—51~56

0048　京旗的满族(续)/金启孮//满族研究.—1990,(4).—34~39

0049　京旗的满族(续)/金启孮//满族研究.—1990,(3).—28~31

0050　京旗的满族(续)/金启孮//满族研究.—1990,(2).—73~76

0051　京旗的满族(续)/金启孮//满族研究.—1990,(1).—70~76

0052　抗日战争前后的北京满族人/赵书//满族研究.—1990,(3).—38~42

0053　谈谈满族/关山复//满族研究.—1990,(1).—8~11

0054　定居贵州的满族/程昭星//满族研究.—1991,(1).—49~52

0055　福建省满族村的由来/张庚钰//满族研究.—1991,(2).—87

0056　广州满族的由来及文化变迁初探/朱洪//广西民族研究.—1991,(4).—52~56+61

0057　金启孮谈"海淀为满学未开垦的处女地"/华丽亚苏//满族研究.—1991,(1).—39

0058　京旗的满族(续)/金启孮//满族研究.—1991,(1).—25~31

0059　抗日战争中的河北满族/铁男//满族研究.—1991,(3).—30~37

0060　滦河镇的满族/庞凤芝//承德师专学报(社会科学版).—1991,(2).—36~38+41

0061　沈阳地区满族调查述略/王俊//满族研究.—1991,(1).—32~39

0062　试论满族的发展变化(上)/关克笑//满族研究.—1991,(2).—14~22

0063　试论满族的发展变化(下)/关克笑//满族研究.—1991,(4).—21~28

0064　试论满族的发展变化(中)/关克笑//满族研究.—1991,(3).—26~29+78

0065　关于满族历史和语言的若干问题/乔·斯达理,赵军秀//北京国际满学研讨会论文集：民族出版社.—1992.8.1.—218~226

0066　建国前后的北京满族人/赵书//满族研究.—1992,(2).—32~37

0067　满学与红学/周汝昌//满族研究.—1992,(1).—50~55

0068　威尼斯大学对满族和锡伯族研究的十年/乔·斯达里,赵秀英//满学研究(第一辑).—1992.—453~456

0069　"文革"先后的北京满族人/赵书//满族研究.—1993,(1).—52~56

0070　宽城满族人民的历史贡献/唐学凯//满族研究.—1993,(2).—44~49

0071　齐齐哈尔的满族与达斡尔族/关兴凯//满族研究.—1994,(4).—59

0072　十年来我国满学研究发展综述/赵志忠//满族研究.—1994,(3).—10~18

0073　谈谈满族/关山复//满族研究.—1994,(1).—16~19

0074　满族的历史贡献/布尼阿林//承德民族师专学报.—1995,(3).—1~2

0075　满族在宁夏/李文涛,马薇,马志刚//宁夏画报.—1995,(1).—24~25

0076　浅谈满族共同体的形成与发展/文钟哲//中央民族大学学报.—1995,(6).—32~35

0077　试论满族入关/关克笑//满族研究.—1995,(3).—54~60

0078　提高满学在社会发展过程中的参与程度/余梓东//满族研究.—1995,(4).—42~46

0079　为满族定名三百六十周年而作/张佳生//满族研究.—1995,(3).—42~44

0080　云南满族简况/郭大烈//民族工作.—1995,(2).—38~39

0081　中国满学研究回顾/姜相顺//满族研究.—1995,(4).—15

0082　珲春的满族/李贤淑//满族研究.—1996,(4).—80~85

0083　简论满族的历史贡献/关嘉禄//满族研究.—1996,(1).—32~37

0084　论俄国的满学研究/黄定天//满语研究.—1996,(2).—116~120

0085　满族与锡伯族同为明代女真的后裔/赵展//满族研究.—1996,(1).—81~88

0086　满族共同体孕育形成时期的讨赏/关克笑//黑龙江民族丛刊.—1997,(1).—60~66

0087　云南满族历史和现状的初步考察/黄凌//满族研究.—1998,(4).—60~62

0088　中国满族/杨丽辉//东北亚论坛.—1998,(1).—93

0089　关于满族形成中几个问题的探讨/王景义//满族研究.—1999,(2).—42~47

0090　口述与文献的融通:满族史研究新体验——和定宜庄博士对话/胡鸿保,定宜庄//黑龙江民族丛刊.—1999,(3).—47~51

0091　满族——中国少数民族之一/薛正方//四川统一战线.—1999,(2).—23

0092　青岛的满族/白玉//民族团结.—1999,(5).—25~26

0093　承德满族的形成与发展/特克寒//满族研究.—2000,(2).—48~54

0094　满族的兴盛与民族的交融/阎立新//满族研究.—2000,(4).—13~17

0095　苏联的满学研究/黄定天//满语研究.—2000,(2).—96~98

0096　北京满族的百年沧桑/阎崇年//满族研究.—2001,(3).—23~29

0097　满族//中国民族报.—2001.1.23

0098　四川的满族/白柯//四川统一战线.—2001,(11).—23

0099　北京满族的百年沧桑/阎崇年//北京社会科学.—2002,(1).—15~23

0100　广州满族述略/李筱文//满族研究.—2002,(1).—40~43

0101　简论清代齐齐哈尔满族/周喜峰//满族研究.—2002,(1).—44~47

0102　清代满族的根本地位与角色/常书红//满族研究.—2002,(4).—33~39

0103　论满学/赵志忠//满族研究.—2003,(1).—17~24

0104　满学在我国已成为独立学科/赵展//满族研究.—2003,(1).—1~16+48

0105 辛亥革命前后的满族研究/常书红//北京师范大学.—2003.5.1

0106 朝鲜时代的女真学与清学/宋基中,李贤淑//满语研究.—2004,(2).—87~92

0107 福建满族村/英未未//南方周末.—2004.9.9

0108 关于满族形成的若干问题的考辨/张丹卉//社会科学战线.—2004,(1).—146~151

0109 关于清前史研究的几个问题的思考——为纪念赫图阿拉建城400周年而作/穆鸿利//满族研究.—2004,(3).—32~40

0110 满族形成的历史脉络/邱永君//中国民族报.—2004.3.12

0111 探访"长白山最后的森林部落"/周长庆,李泽//新华每日电讯.—2004.12.8

0112 从皇太极优礼祖大寿看满族的包容性/邓庆//满族研究.—2005,(1).—34~39+41

0113 回溯历史烟霞——简说满族定居宁夏/李凝祥//宁夏画报.—2005,(6).—24~27

0114 满族形成的再思考/孙静//复旦大学.—2005.4.15

0115 清史满族史研究的新探索/定宜庄//中国社会科学院院报.—2005.10.18

0116 "满洲"如何演变为民族——论清中叶前"满洲"认同的历史变迁/姚大力,孙静//社会科学.—2006,(7).—5~28

0117 把满学研究提高到一个新水平/黎树斌//大连民族学院学报.—2006,(4).—41~44

0118 黑龙江省满族的构成/波·少布//满族研究.—2006,(3).—52~59

0119 论科尔沁蒙古对满族形成的影响/周喜峰//求是学刊.—2006,(3).—133~138

0120 满学研究的新拓展/魏军//中国民族报.—2006.6.2

0121 山东青州满族的历史渊源/杨萍,王敏燕//甘肃联合大学学报(社会科学版).—2006,(6).—13~16

0122　心理学视野中的满族研究/吴俊杰//满族研究.—2006,(2).—55~60

0123　中国满学研究新进展/赵阿平//满语研究.—2006,(2).—21~27

0124　自我、他者与国家:福建琴江满族的认同/刘正爱//民族研究.—2006,(6).—35~44+107

0125　1911年辛亥风暴下的成都满族/万保君//内江师范学院学报.—2007,(3).—46~48

0126　另类视野中的满与汉——以满族留日学生为中心的考察/李龙//钦州学院学报.—2007,(4).—112~116

0127　论满族共同体的形成对中华民族多元一体格局的历史贡献/陈鹏//大连民族学院学报.—2007,(4).—9~11

0128　满学研究与当代满族的关系/佟悦//满族研究.—2007,(1).—43~48

0129　满族崛起的文化因素/廖晓晴//社会科学辑刊.—2007,(6).—185~191

0130　浅析满族的起源与发展/韩雪峰,于瑞红//吉林省教育学院学报.—2007,(10).—79~81

0131　山东青州满族的历史渊源/杨萍//淮南师范学院学报.—2007,(1).—89~92

0132　辛亥前后成都满族研究/万保君//四川师范大学学报.—2007.4.8

0133　改革开放三十年的北京满族人/赵书//满族研究.—2008,(4).—104~108

0134　黑龙江冰雪文化礼赞(三十二)——为中华文明做出卓越贡献的满族/龚强//黑龙江史志.—2008,(16).—6+64

0135　黑龙江冰雪文化礼赞(三十六)——为中华文明做出卓越贡献的满族/龚强//黑龙江史志.—2008,(24).—3

0136　黑龙江冰雪文化礼赞(三十三)——为中华文明做出卓越贡献的满族/龚强//黑龙江史志.—2008,(18).—4+12

0137　黑龙江冰雪文化礼赞(三十四)——为中华文明做出卓越贡献的满族/龚强//黑龙江史志.—2008,(20).—4

0138　黑龙江冰雪文化礼赞(三十五)——为中华文明做出卓越贡献的满族/

龚强//黑龙江史志.—2008,(22).—5

0139 黑龙江冰雪文化礼赞(十二)——为中华文明做出卓越贡献的满族/龚强//黑龙江史志.—2008,(14).—30

0140 黑龙江流域满族历史的几个问题/舒展//黑龙江民族丛刊.—2008,(1).—76~82

0141 论清代三姓地区的满族/廖怀志//黑龙江民族丛刊.—2008,(5).—107~110

0142 满族共同体起源考/刘佳男//牡丹江师范学院学报(哲学社会科学版).—2008,(2).—33~35

0143 满族人在广州/金叶,倪黎祥//环境.—2008,(7).—44~46

0144 清代东北地区"新满洲"研究(1644–1911)/陈鹏//东北师范大学.—2008.5.1

0145 新与旧:满族的历史定位/赵志忠//社会科学战线.—2008,(8).—176~182

0146 "后母语"阶段的满族/关纪新//满语研究.—2009,(2).—100~103

0147 从清东陵的营建和维修看清王朝的盛衰/王海燕//满族研究.—2009,(3).—47~54

0148 黑龙江冰雪文化礼赞(三十八)——为中华文明做出卓越贡献的满族/龚强//黑龙江史志.—2009,(3).—24~25

0149 黑龙江冰雪文化礼赞(三十九)——为中华文明做出卓越贡献的满族/龚强//黑龙江史志.—2009,(5).—22~23

0150 黑龙江冰雪文化礼赞(三十七)——为中华文明做出卓越贡献的满族/龚强//黑龙江史志.—2009,(1).—59+61

0151 黑龙江冰雪文化礼赞(四十)——为中华文明做出卓越贡献的满族/龚强//黑龙江史志.—2009,(7).—22

0152 黑龙江冰雪文化礼赞(四十一)——为中华文明做出卓越贡献的满族/龚强//黑龙江史志.—2009,(9).—14+21

0153 黑龙江流域各族对满族形成的影响/周喜峰//满语研究.—2009,(1).—

116~121

0154　满族"消失"了吗？/关凯//中央民族大学.—2009.3.18

0155　满族珍珠球再现采珍珠/朴刚,韩二涛//中国民族.—2009,(12).—20

0156　努尔哈赤崛起与李成梁关系史事钩沉/陈涴//满族研究.—2009,(1).—39~44

0157　浅析满族对天津历史文化发展的贡献/刘金明//满族研究.—2009,(1).—16~21

0158　沙市的满族/傅恒祺//湖北文史.—2009,(1).—120~123

0159　世界显学30年——改革开放以来满学研究析略/曾小吾//满语研究.—2009,(1).—97~102

0160　试论满族共同体形成的主要条件/李金涛//满族研究.—2009,(1).—35~38

0161　中国满学研究新探索/吕欧//满语研究.—2009,(2).—81~85

0162　长白山文化是满学之源/刘厚生//满族研究.—2010,(3).—6~7+26

0163　从群体互动角度分析满族形成过程/于海峰//满族研究.—2010,(2).—35~43

0164　满族的崛起与黑龙江流域的统一/邓天红//学习与探索.—2011,(1).—234~236

0165　从勇武到优雅——满族的华丽转身/张宏杰//国学.—2012,(2).—6+1

0166　海外满学研究综述/王禹浪,郭丛丛,程功//满族研究.—2012,(3).—114~122+127

0167　满汉矛盾与晚清政局（1884-1912）/薛伟强//河北师范大学.—2012,(2).—225

0168　满族的由来/金诚//海内与海外.—2012,(6).—50~51

0169　满族历史地位再识/余梓东//云南民族大学学报（哲学社会科学版）.—2012,(5).—78~84

0170　满族人/孔庆武//词刊.—2012,(7).—22

0171　清入关前决定满族命运的大讨论/谢景芳//社会科学战线.—2012,

（1）.—87~99

0172 辛亥革命时期东北满族活动的考察/关伟，关捷//满族研究.—2012，（1）.—15~20+33

0173 姓氏、语言、相貌、性情、禁忌、教育——康乾时期燕行使眼中关于满族的几个问题/赵兴元//北华大学学报（社会科学版）.—2012，（2）.—43~48

0174 "满洲"民族共同体形成历程/孙静//辽宁省哲学社会科学获奖成果汇编[2009–2010年度].—2013.4.1.—6

0175 满族//新语文学习（小学作文）.—2013，（Z1）.—74

0176 满族的良知与血质/关纪新//文艺报.—2013.10.18

0177 满族那些事/金诚//海内与海外.—2013，（8）.—45~47

0178 满族文明的衰落/尔玉//青海科技.—2013，（1）.—75~77

0179 欧立德谈满文与满族认同/盛韵//东方早报.—2013.6.2

二、政制、经济、法律

(一)政治综述

0180　关于满族从奴隶制向封建制过渡的问题/周远廉//社会科学辑刊.—1979,(4).—103~118

0181　满族骑射的兴起、发展和衰落/徐素卿//成都体院学报.—1981,(1).—1~9

0182　"国语骑射"与满族的发展/王锺翰//故宫博物院院刊.—1982,(2).—19~25

0183　满族"骑射"浅述/刘世哲//民族研究.—1982,(5).—48~57+40

0184　试论清初满族统治者对蒙、汉的政策/卢明辉//民族研究.—1985,(3).—17~22

0185　论努尔哈赤用人/李景兰//满族研究.—1986,(3).—26~31

0186　满族骑射传统的真实记录——兴隆阿《乾隆木兰秋狝图》黄崇文//满族研究.—1986,(3).—72~74

0187　满族的骑射/张敬媛//满族研究.—1987,(4).—71~73

0188　清代东北满族"国语骑射"的保存与衰微/梁志忠//满族研究.—1987,(3).—74~79

0189　清太祖遣令继妃衮代大归考/孟宪刚//满族研究.—1987,(4).—23~25

0190　努尔哈赤对蒙古族的政策/张羽新//满族研究.—1988,(2).—21~25

0191　清初满洲贵族集团内争与皇权加强/杨洪波//满族研究.—1988,(2).—26~31

0192　清初圈地刍议/宋国强//满族研究.—1988,(4).—46~48+64

0193　清代八旗官员的荫子制度/王贵文//满族研究.—1988,(3).—25~30

0194　皇太极澄清吏治整饬陋习措施述略/高庆仁//满族研究.—1991,(2).—23~31

0195　满族肇兴时期政治制度的演变/刘小萌//中国社会科学院研究生院学报.—1991,(2).—26~33

0196 东北满族官吏在义和团运动时期的政治态度 / 关捷 // 社会科学辑刊. —1992, (1). —103~108

0197 简述清代双城堡地区的行政制度 / 何荣伟 // 满族研究. —1992, (1). —26~30

0198 努尔哈赤在统一女真、治理后金中的措施及其作用 / 王冬芳 // 满族研究. —1992, (4). —20~27

0199 清代采贡中心打牲乌拉 / 杨永耀 // 满族研究. —1992, (4). —37~40

0200 多尔衮争位质疑 / 宋国强 // 满族研究. —1994, (1). —30~32

0201 康熙帝晚年立储之谜 / 姜相顺 // 满族研究. —1995, (1). —40~45

0202 试论皇太极时期的旗地政策 / 赵令志 // 满族研究. —1995, (1). —24~28

0203 牛录、固山（旗）编建时间考 / 关克笑 // 满族研究. —1997, (3). —53~59

0204 清关外三陵管理机构探实 / 白洪希 // 满族研究. —1997, (4). —38~45

0205 清代初期历史上的汉官 / 阎立新 // 满族研究. —1998, (1). —40~45

0206 满族贵族崇尚武功国策的兴衰 / 李尚英 // 第二届国际满学研讨会论文集（上）：民族出版社. —1999.8.1. —371~381

0207 杰出的政治家皇太极的为政艺术 / 张爱群 // 满族研究. —2000, (1). —48~51

0208 努尔哈赤迁都沈阳新探 / 梁彦彬, 白洪希 // 满族研究. —2000, (4). —18~23

0209 清代合符制度述要 / 关雪玲 // 满族研究. —2000, (4). —31~35

0210 论清初汉军旗人督抚的历史作用 / 刘咏梅 // 海淀走读大学学报. —2001, (4). —75~80

0211 女真官制与满族共同体的形成 / 杜成安 // 满族研究. —2001, (4). —25~29

0212 清末最后十年的平满汉畛域问题 / 迟云飞 // 近代史研究. —2001, (5). —21~44+315~316

0213 清代盛京总管内务府设置沿革考 / 佟永功 // 满族研究. —2002, (1). —

29~34

0214 端方与清末的满汉政策/翟海涛, 王建华//江南社会学院学报.—2003, (1).—53~56

0215 女真官制与满族共同体的形成/杜成安//中央民族大学学报.—2003, (4).—100~104

0216 从清代档案看珲春副都统衙门的机构设置和沿革变化/郭春芳//满族研究.—2004, (3).—75~78

0217 满族入关前奴隶问题管窥/韩世明//辽宁师范大学学报.—2004, (2).—113~115

0218 清太宗统一黑龙江流域初探/陈鹏//满族研究.—2004, (4).—44~49

0219 孙中山"排满不反帝"驳议/屈建军, 张建辉//西北大学学报(哲学社会科学版).—2004, (5).—99~103

0220 清道光时期汉族翰林与满洲翰林地位之比较/邸永君//广东技术师范学院学报.—2005, (5).—78~81

0221 岫岩、凤凰城城守尉之沿革/张其卓//满族研究.—2005, (3).—68~73

0222 柳条边伊通边门/施立学//满族研究.—2006, (1).—87~90

0223 满文蒙文旧档删改前后的清政权历史定位/任树民//西藏民族学院学报(哲学社会科学版).—2006, (2).—71~73+108

0224 评析满族骑射之变迁/袁思成//满族研究.—2006, (2).—71~76

0225 清初满洲政权的蒙古各部政策研究/柳岳武, 黄俊华//许昌学院学报.—2006, (3).—92~95

0226 试论乾隆帝对"国语骑射"之维护/孙静//大连民族学院学报.—2006, (4).—49~53

0227 从官员考课看清初满洲贵族制度建设的原则/常越男//满族研究.—2007, (2).—68~76+90

0228 清初汉军及其牛录探源/滕绍箴//满族研究.—2007, (1).—60~72

0229 清代佑宁寺在满蒙藏多边关系格局中的地位探微/秦才, 郎加, 曹生龙//青海民族研究.—2007, (1).—86~89

0230　19世纪末20世纪初奕劻外交活动真相/关伟//满族研究.—2008,（3）.—82～93

0231　从沈阳地区的保存现状看清代柳条边/刘长江//满族研究.—2008,（2）.—71～74

0232　道、咸、同时期清廷属国政策之研究/柳岳武//杭州师范大学学报（社会科学版）.—2008,（4）.—83～88

0233　清代东北地区锡伯、卦尔察"新满洲"编设及迁徙探析/陈鹏//欧亚学刊.—2008.—176～189

0234　论金朝中央集权对女真皇族的防范对策/李玉君//满族研究.—2009,（3）.—25～28

0235　清朝的满族特色——对近期清代政治史研究动态的思考/刘文鹏//清史研究.—2009,（4）.—132～138

0236　清代满人入仕及迁转途径考/韩晓洁//满族研究.—2009,（4）.—61～66

0237　论清入关前对科尔沁蒙古的统一与管理/周喜峰//哈尔滨工业大学学报（社会科学版）.—2010,（5）.—43～47

0238　浅论清朝的满蒙联姻政策/肖锐//满族研究.—2010,（1）.—34～36+42

0239　清代"国语骑射"政策研究/刘彦臣//东北师范大学.—2010.5.1

0240　清末新政时期八旗团体的参政活动/尹立芳//满族研究.—2010,（1）.—37～42

0241　试论清朝前期对三姓地区的统治/吕欧//满语研究.—2010,（1）.—131～138

0242　新疆军府制下的理民体制与满汉员的任用/华立//清史研究.—2010,（4）.—31～39

0243　试论清朝对汉族的政策/孙淑秋//满族研究.—2011,（1）.—22～27

0244　"贰臣"建言与清初治政研究/陈曦//辽宁师范大学.—2012,（6）.—74

0245　简论清代索伦人与"清语骑射"政策/郭军连//满学论丛[第三辑]：辽宁民族出版社.—2012.12.—275～286

0246　论清代满人入仕及迁转途径/韩晓洁//东北史地.—2012,（3）.—60～62

0247 满族皇室分裂与宣统退位诏书/李喜霞//历史教学（下半月刊）.—2012,（4）.—68

0248 浅议清代职官礼制中的满汉差异/徐雪梅//兰台世界.—2012,（36）.—85~86

0249 清代打牲乌拉总管衙门研究/王雪梅//中央民族大学.—2012,（10）.—154

0250 清代木兰秋狝研究/李伟//辽宁师范大学.—2012,（6）.—120

0251 清代移民与三江区域的开发/刘敏//黑龙江社会科学.—2012,（5）.—143~146

0252 从木兰秋狝透析清代民族政策的"巧实力"/盘洁//民族论坛.—2013,（10）.—49~54+112

0253 论努尔哈赤的用人策略/刘金德//历史档案.—2013,（3）.—72~77

0254 论中国宪政发展之路——以清末"满族内阁"向"完全责任内阁"之嬗变为例/熊元彬//天府新论.—2013,（2）.—20~26

0255 清代"新满洲"兵丁"国语骑射"教育探赜/陈鹏//华夏文化论坛.—2013,（2）.—320~328

0256 清代翻译科起始时间探究/邹长清//社会科学家.—2013,（10）.—145~148

0257 清代柳条边吉林边墙的调查与再认识/隽成军//春草集（二）——吉林省博物馆协会第二届学术研讨会论文集.—2013.8.26.—317~320

0258 清代中期满族文官群体研究（1775-1820）/沈胜群//辽宁师范大学.—2013,（5）.—98

（二）对外关系

0259 满族在历史上与中原王朝的关系/郎淑芝//中央民族学院学报.—1988,（6）.—19~23

0260 清太祖时期后金与索伦部的关系/蒙林//满族研究.—1990,（3）.—18~21

0261 试析明末清初满族、蒙古族关系史上的因果性/白凤岐//满族研究.—1990,(1).—17~28

0262 顺治与清初满汉关系的调节/李景屏//满族研究.—1991,(2).—32~37

0263 清代满族与达斡尔族关系述略/丁石庆//满族研究.—1992,(1).—42~47

0264 扈伦四部的对外关系初探/赵东升//满族研究.—1994,(2).—11~16

0265 论满汉民族关系/张佳生//满语研究.—2002,(2).—50~54

0266 清太祖时期满蒙关系若干问题研究/白初一//内蒙古大学.—2005.5.24

0267 清代的满族与其相关民族/杜家骥//求是学刊.—2006,(3).—125~126

0268 建州女真李满住部与朝鲜王朝的关系探析/王臻//满族研究.—2007,(4).—86~92

0269 清代满族与其他少数民族关系研索——以黑龙江地区为中心/吴扎拉克尧//黑龙江民族丛刊.—2007,(5).—122~125

0270 蒙古林丹汗与满蒙初期政治关系/聂晓灵//满族研究.—2010,(4).—23~27+36

0271 近三十年来晚清满汉关系研究述要/王宇//中央民族大学学报(哲学社会科学版).—2011,(4).—37~43

0272 略论清代汉人的"满化"/夏宇旭//满族研究.—2011,(1).—18~21

0273 辛亥革命中的满汉冲突与调适/贾艳丽//清史研究.—2011,(3).—110~117

0274 朝鲜与女真、满族诸政权关系变迁研究/陈放//延边大学.—2012,(1).—137

0275 试论满蒙初期政治关系的特性及影响/聂晓灵//黑龙江民族丛刊.—2012,(6).—98~103

0276 明末清初满族与蒙古族科尔沁部的民族关系之探讨/杨宇,宋立恒//内蒙古民族大学学报(社会科学版).—2013,(3).—42~44

0277 清代中期索伦部与满族关系研究/黄彦震//中央民族大学.—2013,(12).—205

二、政制、经济、法律　17

0278　清末十年满汉关系研究（1901–1911）/王宇//中央民族大学.—2013，(1).—204

(三)八旗制度

0279　辛亥革命与八旗制度的崩溃——略论辛亥革命对满族的影响/郑川水//辽宁大学学报(哲学社会科学版).—1982，(1).—30~35

0280　八旗都统在清朝政治机构中的地位和作用/徐恒晋//满族研究.—1985，(2).—14~17

0281　驻防八旗浅探/马协弟//满族研究.—1985，(2).—18~24

0282　八旗旗主考实/孟宪刚//满族研究.—1986，(2).—35~37

0283　试解满洲八旗创制之谜——甲喇、固山考释/姜相顺//满族研究.—1986，(1).—12~18

0284　清代对八旗营房中旗人的束缚/赵书//满族研究.—1987，(4).—30

0285　《养吉斋丛录》所述八旗制度之误/姜书阁//满族研究.—1989，(1).—53~55

0286　黑龙江省满族移民旗屯建置述略/陈伯霖//黑龙江民族丛刊.—1990，(2).—57~59

0287　浅析八旗抚恤制度/王贵文//满族研究.—1991，(3).—10~16

0288　论清代东北驻防八旗的兴衰/田志和//满族研究.—1992，(2).—13~20

0289　清末东北旗地的发展变化与旗人地主的兴起/衣保中//满族研究.—1992，(1).—20~25

0290　辛亥革命与荆州驻防八旗/潘洪钢//满族研究.—1992，(2).—21~28

0291　努尔哈赤创建的八旗制度/范丽//满族研究.—1994，(1).—27~29

0292　绥远城驻防八旗源流考/蒙林//满族研究.—1995，(2).—25~29

0293　清前期满洲八旗对东北开发的历史贡献/张杰//满族研究.—1996，(3).—35~41

0294　论八旗中满洲、蒙古、汉军的关系/鲁渝生//满族研究.—1998，(2).—43~47

0295　从改旗和抬旗看八旗中民族成分的变化/李云霞//满族研究.—1999,（3）.—42~44

0296　清代八旗都统制简论/冯云英//满族研究.—1999,（4）.—56~60

0297　试析清初汉军旗人的特点——兼论清初重用汉军旗人的原因/刘咏梅//安徽师范大学学报（人文社会科学版）.—2000,（4）.—537~541

0298　近年来日本的八旗问题研究综述/刘小萌//满族研究.—2002,（1）.—51~59

0299　美国学者近年来对满族史与八旗制度史的研究简述/定宜庄//满族研究.—2002,（1）.—60~63

0300　满族八旗//档案时空.—2003,（4）.—25

0301　八旗牛录起源时间问题再探/任玉雪//满族研究.—2004,（1）.—79~88

0302　康熙年间黑龙江驻防八旗的创建/吴雪娟//满语研究.—2004,（2）.—109~114

0303　热河驻防八旗史略/特克寒//满族研究.—2005,（1）.—58~62

0304　试谈宁夏八旗驻防的特点/李自然//满族研究.—2005,（4）.—59~64

0305　八旗满汉称谓解读/赵志强//满语研究.—2006,（1）.—36~40

0306　康雍乾三朝八旗官兵赏恤制度/郭春芳//满族研究.—2006,（3）.—38~43

0307　清初瑷珲驻防八旗研究/谢春河//满语研究.—2006,（1）.—41~43

0308　清末直隶八旗改制研究/徐建平//满族研究.—2006,（2）.—39~44

0309　试论八旗汉军与满洲的差异性/孙静//中央民族大学学报.—2006,（5）.—51~57

0310　动态的八旗制度与满洲民族共同体/何建强//中州大学学报.—2007,（3）.—64~66

0311　清代东北马政探析/王颖超//满族研究.—2007,（2）.—61~67

0312　八旗制度对满族的文化整合/张佳生,王明霞//黑龙江民族丛刊.—2008,（2）.—87~95

0313　八旗制度与满族共同体认同的建构/耿敬,周曦//满族研究.—2008,

（1）．—47~52

0314 清代的"八旗"与汉语的"旗"及"族"/张殿典//满语研究．—2008，（1）．—141~144

0315 清代满族八旗兵驻防广州缘由探析/关溪莹，翟麦玲//湘潮（下半月）（理论）．—2008，（3）．—81~82

0316 旗人对八旗制度的思想态度变化/南洪钧，吴俊杰//满族研究．—2009，（2）．—5~9

0317 以满族家谱为例探讨满族重要组成成分——汉军旗人/杨永旭//吉林省教育学院学报．—2009，（12）．—37~39

0318 从老舍的国家至上看八旗制度对满族文化的影响/彭晓波//洛阳理工学院学报（社会科学版）．—2010，（1）．—39~41+50

0319 近三十年来东北地区八旗驻防研究综述/矫明君//满族研究．—2010，（3）．—54~66

0320 清代东北地区布特哈八旗建立时间考辨/陈鹏//满族研究．—2010，（1）．—26~29

0321 论满族作家杨钟羲《雪桥诗话》中的八旗制度/韩丽霞//兰台世界．—2011，（3）．—14~15

0322 试析满族陈汉军旗的来源及特点/戴士权，孙运来，王成名//满族研究．—2011，（1）．—66~69

0323 清代八旗马政研究/苏亮//中央民族大学．—2012，（10）．—119

0324 雍正乾隆时期呼伦贝尔八旗历史研究/包梅花//内蒙古大学．—2012，（11）．—114

0325 《夜谭随录》中的满洲旗人世界研究/李丽//辽宁大学．—2013，（1）．—48

0326 八旗驻防与清代广西边疆社会发展研究/赵越//广西师范大学．—2013，（S1）．—112

0327 晚清民初布特哈八旗研究/王学勤//中央民族大学．—2013，（12）．—188

（四）经济

0328　满族采参/富丽//中国民族.—1981,（9）.—44~45

0329　满族的采珠和猎貂/富丽//中国民族.—1982,（11）.—38~39

0330　满族在努尔哈赤时代的社会经济形态及其历史作用/胡幼琼//西北民族大学学报（哲学社会科学版）.—1985,（1）.—70~76

0331　清前期满族旗地经营方式的考察/何溥滢//社会科学辑刊.—1985,（2）.—107~118

0332　论康熙的农本思想及其特点/宋德宣//满族研究.—1986,（2）.—38~46

0333　盛京内务府粮庄概述/沈微//满族研究.—1986,（3）.—20~25

0334　近代沈阳满族的经济生活和民族资本的发展/姜相顺//满族研究.—1987,（3）.—33~37

0335　试论清代满族士兵土地所有制的演变/衣保中//满族研究.—1987,（4）.—26~29

0336　清代的王庄/李燕光,李林//满族研究.—1988,（1）.—46~51

0337　清代盛京内务府盐庄/关克笑//满族研究.—1988,（2）.—32~35

0338　从满语词汇考察满族早期的经济生活/刘小萌//满语研究.—1989,（2）.—113~122

0339　清代东北"王庄"/王革生//满族研究.—1989,（1）.—24~30

0340　清入关后沈阳满族的经济生活/姜相顺//满族研究.—1989,（1）.—31~36

0341　清代东北官庄生产关系的演变/王革生//满族研究.—1991,（3）.—3~9+16

0342　由萨满神器看满族原始经济生活/宋和平//黑龙江民族丛刊.—1991,（4）.—59~63

0343　清前期东北私有土地问题/王革生//满族研究.—1992,（4）.—28~36

0344　试论满族先民养猪的起源——兼谈养猪业与农业起源的先后问题/李自然,宋全//黑龙江民族丛刊.—1992,（2）.—98~101

0345　赵尔巽对清末奉天省财政的整顿 / 余阳 // 满族研究. —1992, (4). —41~44

0346　论嘉道以前的东北旗地 / 刁书仁 // 满族研究. —1993, (4). —16~20

0347　满族狩猎生产对其民俗的影响 / 傅英仁 // 满族研究. —1993, (3). —26~29

0348　清代黑龙江满族经济变革初探 / 宁朝 // 黑龙江民族丛刊. —1993, (2). —49~51

0349　关于清代畿辅地区内务府纳粮庄的若干问题 / 李帆 // 满族研究. —1994, (4). —24~31

0350　满族海猎 / 王宏刚 // 社会科学战线. —1994, (6). —141

0351　清代河北旗地初探 / 铁男 // 满族研究. —1994, (2). —31~40

0352　清代关内外贸易商道 / 李敖 // 满族研究. —1995, (1). —29~31

0353　满族鹰猎 / 王宏刚 // 社会科学战线. —1996, (1). —86

0354　满族庄园经济探索 / 关克笑 // 满族研究. —1996, (3). —23~34

0355　浅谈明代女真族与朝鲜人之间的边境贸易 / 文钟哲 // 满族研究. —1996, (2). —11~14

0356　满族崛起时期的多元经济 / 关克笑, 麻秀荣 // 满族研究. —1998, (1). —21~28

0357　从皇太极的新政举措看辽沈地区农业发展 / 佟春林 // 满族研究. —1999, (1). —36~37

0358　清代承德的庄头 / 伊利民 // 满族研究. —1999, (2). —69~71

0359　清代盛京旗地研究 / 赵维和 // 满族研究. —1999, (1). —38~43

0360　论后金牛录屯田、计丁授田和分丁编庄与满族社会的农耕化 / 赵明 // 中国经济史研究. —2000, (2). —133~141

0361　论满族入关前的外贸经济 / 滕瑶 // 满族研究. —2002, (2). —37~44

0362　论清政府对犯禁朝鲜垦民的土地政策 / 孙春日 // 满族研究. —2002, (3). —33~40

0363　满族京旗文化旅游开发刍议 / 王晶 // 中国民族报. —2003.3.4

0364 明代女真人商品经济发展之轨迹/张炳旭//满族研究.—2003,(3).—33~40

0365 满族村多元与多能并重的发展模式——新宾上夹河镇腰站满族村经济发展的调查与思考/张晓琼//满族研究.—2004,(3).—8~14

0366 略论清代吉林的参禁/张林//满族研究.—2005,(2).—101~103

0367 关东烟与满族的烟民/张万林,关治平//黑龙江日报.—2006.5.11

0368 黑龙江流域满族先民的农业文明/李宛真//黑龙江民族丛刊.—2006,(6).—79~82

0369 论清代钱粮制度对广州世居满族的影响/关溪莹//华南农业大学学报(社会科学版).—2006,(3).—99~103

0370 满族民俗文化旅游开发模式与对策研究/郑岩//大连民族学院学报.—2007,(4).—74~77

0371 东北地区满族民俗旅游开发浅析/朱桂凤//满语研究.—2008,(1).—133~136

0372 后金时期满族与朝鲜的贸易/张杰//辽宁大学学报(哲学社会科学版).—2008,(3).—73~78

0373 清代朝鲜使团与满族雇车业述论/张杰//满族研究.—2008,(1).—35~40+25

0374 清代雍正朝东北参场及采参管理特点/赵郁楠//满族研究.—2008,(3).—62~67

0375 皇太极时期禁烟政策探析/程大鲲//满语研究.—2009,(1).—111~115

0376 满族农村的经济状况调查——以河北易县西陵镇忠义村为个案/刘春惠//全国商情(经济理论研究).—2009,(20).—100~103

0377 打造黑龙江省满族寻根问祖旅游路线的设想/陈淑芬//北方经贸.—2010,(10).—130~131

0378 基于混沌经济分析的辽东山区满族经济发展策略/尤凤翔//科技创新导报.—2010,(14).—195~198

0379 辽东满族地区经济发展战略研究/尤凤翔//延边大学.—2010.5.16

0380　清代晋蒙沿边皇庄旗地初探——以内蒙古凉城县曹碾满族乡为中心/刘蒙林//内蒙古社会科学（汉文版）.—2010,（2）.—47~50

0381　清前期吉林满族与朝鲜边境贸易述论/张杰//中国边疆史地研究.—2010,（4）.—57~67+149

0382　清入关前商业贸易/李兴华//满族研究.—2010,（2）.—15~20

0383　论黑龙江地区满族先民的经济开发/张丽，朱兆亮//兰台世界.—2011,（16）.—17~18

0384　论满族民俗旅游的开发/刘静//商场现代化.—2011,（15）.—86

0385　民间口承叙事与农耕技术传承——以辽宁满族民间柞蚕放养叙事为例/詹娜//民族文学研究.—2013,（3）.—134~141

0386　清代盛京满族与朝鲜中江贸易新论/张杰//中国边疆史地研究.—2013,（2）.—80~90+149

（五）法律

0387　关于清初的"逃人法"——兼论满族阶级斗争的特点和作用/杨学琛//历史研究.—1979,（10）.—46~55

0388　女真法律简述/陈安丽//满族研究.—1992,（3）.—31~87

0389　满族法律综述/魏福祥，杜尚侠//满族研究.—1994,（3）.—37~39

0390　清初有关法令与"太后下嫁"传说/许鲲//满族研究.—1995,（1）.—32~39

0391　略论努尔哈赤时代的习惯法/卢骅//满族研究.—1996,（4）.—22~27

0392　试论满族法律建设中的民族特色/何晓芳//满族研究.—1997,（4）.—29~35

0393　一六四四年至一八四〇年的清朝立法概况/金海燕//满族研究.—2000,（4）.—36~38

0394　清朝的法律制度概述/李云霞//满族研究.—2002,（4）.—40~47

0395　清末立宪中的满族因素/田东奎//政法论坛.—2006,（5）.—117~127

0396　清前期广州涉外司法问题研究/唐伟华//中国政法大学.—2006.4.1

0397　清代东北地区的"流人"/金悦//满族研究.—2008,(4).—54~58

0398　从模式化的八旗制度看满族法律程序意识/齐秀梅//河北法学.—2010,(8).—24~29

0399　满族传统神判制度的法文化分析/连宏//河北法学.—2010,(8).—15~23

0400　入关前满族刑法文化研究/陈英慧//河北法学.—2010,(8).—30~36

0401　论满族非物质文化遗产的法律保护/周江//重庆大学.—2013,(3).—48

0402　清入关前立法定律研究/朱兆亮//哈尔滨师范大学.—2013,(3).—57

0403　入关前满族纠纷解决机制法文化研究/王一华,关凤荣//中央民族大学学报（哲学社会科学版）.—2013,(6).—90~95

三、哲学与宗教
(一)哲学

0404　构成满族共同体的心理素质/李林//满族研究.—1985,(1).—26~30

0405　略论满族的共同心理素质/金基浩//中央民族学院学报.—1987,(6).—32~33

0406　满族古典哲学中的自然思辨/任嘉禾//内蒙古大学学报(哲学社会科学版).—1987,(4).—29~40

0407　满族无神论思想初探/鄂世镛,刘竟//满族研究.—1987,(3).—20~25

0408　满族古典哲学中的"补天"思想/任嘉禾//内蒙古大学学报(哲学社会科学版).—1988,(4).—111~118

0409　论满族伦理道德观的形成与发展/张玉兴//北京国际满学研讨会论文集:民族出版社.—1992.8.1.—227~244

0410　论满族伦理道德观的形成与发展/张玉兴//满族研究.—1993,(1).—32~41

0411　论清初满族由天命观向实践观的转变和发展/许大芳//满族研究.—1995,(1).—17~20

0412　儒学对满族伦理道德的影响/何溥滢//中央民族大学学报.—1996,(6).—70~76

0413　也谈满族的灵魂观念/喻权中//黑龙江民族丛刊.—1998,(4).—79~84

0414　论清代康熙的礼教观及其政治伦理实践/王文东//满族研究.—2003,(2).—46~53

0415　试论金代女真人对儒家伦理的吸收/王文东//满族研究.—2003,(1).—77~83

0416　试论清代的"礼治"/李云霞//满族研究.—2004,(2).—25~31

0417　清代的文化政策与礼仪伦理建设/王文东//满族研究.—2005,(3).—52~60

0418　满族伦理思想面面观/熊坤新,吕劭男,米秀芳//新疆师范大学学报(哲

学社会科学版).—2006,(3).—33~38

0419　萨满教对努尔哈赤天命观的影响/薛洪波//满族研究.—2007,(2).—99~102

0420　从新疆建省看满族统治者的心理博弈/谭小民//赤峰学院学报(汉文哲学社会科学版).—2012,(5).—24~26

0421　多尔衮的华夷思想及其统治政策/周喜峰//求是学刊.—2012,(5).—140~146

0422　清代满人经学成就述论/李贵连//河南师范大学学报(哲学社会科学版).—2012,(4).—152~155

0423　晚清国民性批判中的"奴隶"话语辨析/孙强//西安电子科技大学学报(社会科学版).—2012,(2).—74~80

0424　调和儒家文化与西方文化的尝试——浅论满族人德沛之哲学思想/辛格非//故宫学刊.—2013,(2).—381~395

0425　满族伦理思想析论/坤新,日晨,谭洪宗//黑龙江民族丛刊.—2013,(2).—151~158

0426　满族生态伦理思想对辽宁沿海经济带建设的启迪/孙琳,刘金锁//辽宁经济管理干部学院(辽宁经济职业技术学院学报).—2013,(5).—36~37+67

(二)宗教

0427　概述满族对佛教的崇奉/滕绍箴//黑龙江文物丛刊.—1983,(3).—95~99

0428　黑龙江省满族社会历史调查报告/中国科学院民族研究所黑龙江少数民族社会历史调查组//黑龙江民族丛刊.—1985,(2).—72~98+126

0429　北京郊区的满族(续)——十、营房中的宗教信仰/金启孮//满族研究.—1986,(2).—72~79

0430　祭山与满族的长白山祭礼/宋抵//黑龙江民族丛刊.—1986,(4).—61~64+72

0431　满族祭祀所用香碟数目不同之缘由初探/李巨炎//黑河学刊(地方历

史版).—1986,(4).—53~54+13

0432 满族敬犬非图腾崇拜考/宁昶英//满族研究.—1986,(3).—82~84

0433 满族女神——"佛托妈妈"考辨/程迅//黑龙江民族丛刊.—1986,(2).—61~70

0434 满族女神——"佛托妈妈"考辨/程迅//社会科学战线.—1986,(4).—327~333

0435 鸦鹊是满族图腾说质疑/程迅//黑龙江民族丛刊.—1986,(3).—50~54+82

0436 永陵大祭考略/韩志峰,高淑英//满族研究.—1986,(2).—82~84+92

0437 从两部家谱看吉林满族祭祀旧俗/翟立伟//吉林师范学院学报(哲学社会科学版).—1987,(2).—84~88

0438 论满族兴起时期的天灵观——满族信仰民俗研究之一/乌丙安//满族研究.—1987,(3).—65~73

0439 满族灵禽崇拜祭俗与神话探考/富育光//民族文学研究.—1987,(3).—40~48

0440 谈萨满教与满族舞蹈/敦冰河//满族研究.—1987,(2).—80

0441 论清入关前满族的萨满教及其社会影响/周昌元//松辽学刊(社会科学版).—1988,(3).—19~24

0442 满族的萨满教变迁/富育光,孟慧英//黑龙江民族丛刊.—1988,(4).—55~60

0443 满族挂笺/王纯信//紫禁城.—1988,(2).—19

0444 满族祭祀风俗源流考述/杨英杰//辽宁师范大学学报.—1988,(1).—68~74

0445 满族萨满教的三种形态及其演变/王宏刚//社会科学战线.—1988,(1).—187~193

0446 试述满族、蒙古族中的萨满教变革/蔡志纯//满族研究.—1988,(2).—78~82

0447 八旗满洲的祭神礼俗/傅克东//满族研究.—1989,(3).—20~26

0448 汉军旗香渊源辨析/张晓光//满族研究.—1989,(3).—36~38

0449 满族的家祭/富育光,孟慧英//满族研究.—1989,(3).—27~35

0450 满族的神谕/富育光,卉卉//民族文学研究.—1989,(3).—14~21

0451 萨满教与满族民间文学/季永海,赵志忠//中央民族学院学报.—1989,(1).—80~85

0452 萨满世界的"真神"——萨满/乌丙安//满族研究.—1989,(1).—65~76

0453 从满族萨满教的调查研究说起/张璇如//民族学研究第九辑:民族出版社.—1990.3.1.—75~77

0454 从清代的宫中祭祀和堂子祭祀看萨满教/杜家骥//满族研究.—1990,(1).—45~49

0455 满族的萨满/富育光,卉卉//黑河学刊.—1990,(2).—104~111+117

0456 满族民间文学中的信仰观念/汪丽珍//满族研究.—1990,(2).—57~61+94

0457 满族为何要祭"索伦杆"/杨秀林//民俗研究.—1990,(4).—50

0458 北塔法轮寺与蒙古族满族锡伯族关系述论/赵志强//满族研究.—1991,(3).—79~86

0459 乾隆帝东巡盛京于清宁宫祭神/姜相顺,佟永功//满族研究.—1991,(2).—40~47

0460 浅谈《汉军旗香神歌》渊源与变革/焦平,宋传玉//满族研究.—1991,(2).—77~80

0461 萨满信仰与满族体育/程大力//体育文史.—1991,(6).—7~10

0462 论萨满教与满族祭祖的关系/赵展//北京国际满学研讨会论文集:民族出版社.—1992.8.1.—140~158

0463 满族的性崇拜及其演变——论"背灯祭"/宁昶英//内蒙古教育学院学报.—1992,(3).—89~95

0464 满族萨满教雪祭探析——兼论原始萨满教的社会功能/郭淑云//内蒙古社会科学(文史哲版).—1992,(5).—65~70

0465　满族萨满舞蹈的古崇拜意识论/曹丽娟//满族研究.—1992,(3).—49~57

0466　满族乌苏关萨满祭"大神案"之特征/尹郁山//黑龙江民族丛刊.—1992,(2).—95~98

0467　清宫萨满祭祀中牺牲、祭品和歌舞的供献/姜相顺//满族研究.—1992,(3).—35~43

0468　萨满鹰祭与满族鹰舞/金吉子,王宏刚//黑龙江民族丛刊.—1992,(1).—85~89

0469　喜利妈妈崇拜及其与佛朵妈妈的区别/韩启昆//满族研究.—1992,(4).—75~80

0470　满族的萨满教是典型的民族宗教/刘厚生//东北师大学报.—1993,(1).—44~48

0471　东北亚——萨满教的摇篮/刘厚生//满语研究.—1994,(1).—79~82+55

0472　满族入关前后的萨满教/张树卿//满族研究.—1994,(1).—62~64

0473　满族萨满跳神的功利主义前提/宋抵//北方文物.—1994,(4).—80~81

0474　满族尚柳习俗与生殖崇拜/黄明//民俗研究.—1994,(2).—47~51

0475　满族始祖女神"佛托妈妈"新探/塔娜//内蒙古社会科学(文史哲版).—1994,(2).—37~42

0476　满族野祭神本初探/宋和平,卉茵//民族文学研究.—1994,(3).—28~34

0477　漫话满族祭天享鹊习俗/关英//北方文物.—1994,(1).—73

0478　萨满教对古代蒙古民族的影响/张艳秋//满族研究.—1994,(1).—65~67

0479　试论避灯祭的实质/庄福林//满族研究.—1994,(4).—46~48

0480　汉军"旗香"钩沈/李德//满族研究.—1995,(3).—86~87

0481　满族的祖先崇拜/庄福林//松辽学刊(社会科学版).—1995,(1).—84~87

0482 满族萨满教的特征/宋德胤//黑龙江民族丛刊.—1995,(1).—79~81

0483 乾隆与满族喇嘛寺院——兼论满族宗教信仰的演变/王家鹏//故宫博物院院刊.—1995,(1).—58~65

0484 清宫堂子祭探赜/白洪希//满族研究.—1995,(3).—61~63

0485 神歌与萨满教仪式/孟慧英//满族研究.—1995,(2).—51~58

0486 "佛托妈妈"性别考辩/张德玉,单铃,蔡雅文//满族研究.—1996,(3).—49~52

0487 "萨满"小释/陈烨//满族研究.—1996,(3).—53~55

0488 长白山与满族的祖先崇拜/刘厚生//清史研究.—1996,(3).—93~96

0489 韩国历史上的萨满教角色/尹以钦,张晓校//满语研究.—1996,(2).—121~123+137

0490 满族鸟崇拜及其对北方民俗的影响/郭淑云//西北民族研究.—1996,(2).—15~21

0491 清代前期新疆满族的社会生活/许秀芳//喀什师范学院学报.—1996,(3).—23~32

0492 从满族萨满神歌中的神名看满族的宗教信仰/汪丽珍//满语研究.—1997,(2).—83~88

0493 满族的火神"托阿"/刘林//云南消防.—1997,(6).—35

0494 满族与佛教/赵志忠//世界宗教研究.—1997,(2).—21~30

0495 《尼山萨满传》中的满族信仰民俗/乔天碧//满族研究.—1998,(3).—70~76

0496 古代东北地区诸民族崇尚习俗特征刍论/蒋理//满语研究.—1998,(1).—110

0497 满族女神佛哩佛多卧莫西妈妈论析/宋和平//满族研究.—1998,(1).—68~72

0498 满族萨满响器的应用及其象征意义/张晓光,刘希仁//黑龙江民族丛刊.—1998,(3).—91~92

0499 清初赫图阿拉城的寺庙与宗教活动综述/赵维和//满族研究.—1998,

（2）.—64~68

0500　试论满族始祖女神/赛音塔娜//内蒙古大学学报（人文社会科学版）.—1998,（1）.—20~25

0501　乌拉满族的"背灯祭"及其祭词、祭曲浅析/何新生//乐府新声（沈阳音乐学院学报）.—1998,（1）.—38~42+64

0502　论满族神话的萨满传承/李扬//青岛海洋大学学报（社会科学版）.—1999,（1）.—76~80

0503　满族萨满教的几个问题/何溥滢//满族研究.—1999,（4）.—74~78

0504　萨满教的二元神论/孟慧英//满族研究.—1999,（2）.—74~79

0505　萨满教的亡魂与阴间/蒋理//满语研究.—1999,（2）.—97

0506　萨满教灵魂观与北方葬俗/郭淑云//满族研究.—1999,（1）.—60~68

0507　萨满教是世界性的研究课题/刘厚生//满语研究.—1999,（1）.—108~113+119

0508　北方萨满祭祀仪礼的构造形态/蒋理//满语研究.—2000,（1）.—25

0509　关于萨满教的认识/孟慧英//满族研究.—2000,（2）.—56~64

0510　家萨满与白萨满——从对西伯利亚几个民族的比较中看满族萨满的社会与宗教特征/瑶百舸,孟慧英//黑龙江民族丛刊.—2000,（1）.—85~88

0511　满族祭祖与萨满教的关系研究初探/刘明新//中央民族大学学报.—2000,（2）.—55~61

0512　满族祭祖与萨满教的关系研究初探/蒋理//满语研究.—2000,（1）.—97

0513　满族三种萨满辨析/何溥滢//中央民族大学学报.—2000,（4）.—77~81

0514　清代长白山封禅及其对满族社会文化的影响/李自然//内蒙古社会科学（汉文版）.—2000,（4）.—44~50

0515　由满族耶鲁里神观其萨满教三界之说/宋和平//黑龙江民族丛刊.—2000,（4）.—90~94+128

0516　吉林满族萨满祭祀考察调研报告/郭孟秀//满语研究.—2001,（2）.—102~106

0517　论我国通古斯诸民族神话传说中的动物崇拜/汪立珍//满语研究.—

2001,（1）.—88~95

0518　满族的民间祭祀管窥/刘明新//中央民族大学学报.—2001,（4）.—31~36

0519　萨满的社会作用/霍帕尔,孟慧英//满语研究.—2001,（1）.—72~75

0520　萨满教研究评述/赵志忠//满族研究.—2001,（3）.—82~86

0521　熊崇拜/苏科洛娃,郭孟秀//满语研究.—2001,（1）.—121~130

0522　由《笊篱姑姑舞》看满族的占卜习俗/张德玉//满族研究.—2001,（3）.—87~89

0523　在其他宗教影响下的萨满教命运/孟慧英//满族研究.—2001,（1）.—30~35

0524　中国通古斯语族民族的萨满教特点/孟慧英//满语研究.—2001,（1）.—76~87

0525　从满族的宗教信仰看清代的民族宗教政策/李云霞//黑龙江民族丛刊.—2002,（4）.—67~71

0526　满族祭祖与萨满教形似而质异/赵展,赵尔劲//中央民族大学学报.—2002,（3）.—18~22

0527　满族与野猪图腾/于济源//学问.—2002,（11）.—9

0528　努尔哈赤时期萨满堂子文化研究/李国俊//满族研究.—2002,（4）.—60~65

0529　世纪之交的萨满教研究/米哈伊·霍帕尔,郭淑云//满语研究.—2002,（2）.—103~105

0530　论北方民族的天崇拜/张林//满语研究.—2003,（1）.—115~120

0531　满族祭杆仪式的跨文化阐释/杨朴,李艳荣//吉林师范大学学报（人文社会科学版）.—2003,（5）.—68~73

0532　宁安满族玛虎仪式与玛虎面具刍议/郭淑云//戏曲研究.—2003,（2）.—37~49

0533　浅析萨满在萨满文化承袭和传播中的功能/李巍//满族研究.—2003,（4）.—40~43

0534 清代满族萨满教祭祀神杆新考/张杰//社会科学辑刊.—2003,(5).—99~104

0535 从满族萨满传说"尼山萨满故事"看佛教对满族阴间观的影响/塔提娜·庞,吉奥瓦尼·斯塔利,高荷红//萨满文化辩证——国际萨满学会第七次学术讨论会论文集:大众文艺出版社.—2004.8.1.—205~211

0536 论满族萨满文化中柳崇拜的形成/吴来山//辽宁师范大学学报.—2004,(3).—121~122

0537 满族当代民间信仰——以四平地区为例——满族民间信仰调查之二/王明霞//吉林师范大学学报(人文社会科学版).—2004,(6).—82~83

0538 满族民间祭祀初考/曲六乙,任光伟//萨满文化辩证——国际萨满学会第七次学术讨论会论文集:大众文艺出版社.—2004.8.1.—321~329

0539 满族萨满教历史存在探析/闫超//东北师范大学.—2004.6.1

0540 满族萨满神灵初探/宋和平//萨满文化辩证——国际萨满学会第七次学术讨论会论文集:大众文艺出版社.—2004.—287~320

0541 清代满族萨满教祭祀风俗研究/黄岚,任蕾//东北史地.—2004,(11).—57~61

0542 萨满教与氏族地理/郭淑云//满族研究.—2004,(4).—68~76

0543 三家子满族萨满教:记忆和遗留/唐戈//满语研究.—2004,(2).—115~122

0544 试论满族家祭与萨满教的关系/姜小莉//吉林师范大学学报(人文社会科学版).—2004,(2).—100~102

0545 叶赫满族祭祖礼钩沉/王明霞//满族研究.—2004,(4).—32~35+89

0546 满—通古斯语民族鹿崇拜钩沉/奇文瑛//中央民族大学学报.—2005,(4).—93~98

0547 满族关姓家族萨满祭祀调查/蒋蕾,荆宏//民间文化论坛.—2005,(6).—96~102

0548 满族祭祖/才大泉//黑龙江史志.—2005,(11).—34~35

0549 浅谈满族萨满跳神所呈现的艺术特征/吕景利//长春大学学报.—

2005,(1).—108~110

0550 萨满教对满族社会伦理观的影响/姜小莉//沈阳师范大学学报(社会科学版).—2005,(2).—37~38

0551 萨满教神话浅论/赵志忠//满族研究.—2005,(1).—68~72

0552 北宁市满族"老天地"祭祖仪式的调查/胡晓娟//宗教与民族(第四辑):宗教文化出版社.—2006.3.1.—409~415

0553 从承德满族习俗看满族的祖先崇拜/金朝力//满族研究.—2006,(1).—110~112

0554 从满族射柳习俗的源流看民俗社会功能的演变/王项飞//阴山学刊.—2006,(2).—80~83

0555 从女神崇拜到观音信仰——广州世居满族文化重建过程中的信仰变迁/关溪莹//宗教学研究.—2006,(1).—117~120

0556 满族民间祭祀/杨锡春//黑龙江日报.—2006.3.6

0557 满族图腾"斑吉"柱/沈柳//人民日报海外版.—2006.2.16

0558 民俗变迁与族群发展——广州世居满族的宗祠祭祀/关溪莹//华南农业大学学报(社会科学版).—2006,(1).—91~94

0559 宁安满族瓜尔佳氏当代祭祖习俗述略/徐立艳//满族研究.—2006,(2).—81~84

0560 宁安满族关氏家祭礼俗探源/邱广军//黑龙江民族丛刊.—2006,(3).—118~122

0561 宁安市满族关姓家族萨满祭祀调查/蒋蕾,荆宏//满族研究.—2006,(1).—91~98

0562 浅谈满族的宗教信仰/隋永良,李元通,李媛媛//内江师范学院学报.—2006,(S1).—59~61

0563 当代满族萨满信仰习俗中的汉满文化关系研究/李莉//吉林大学.—2007.4.10

0564 东北亚的熊祭祀及系统的人类干预/阿拉腾//满语研究.—2007,(2).—98~101

0565　关于满族家祭和家萨满问题的几点思考/于学斌//黑龙江民族丛刊.—2007,(2).—161~165

0566　论萨满教对满族生活习俗的影响/李岩//通化师范学院学报.—2007,(7).—21~22+31

0567　满族萨满祭祀与酒/吕萍//满族研究.—2007,(1).—100~104

0568　满族佟氏家族"供影"祭祖习俗考/颜景柏,刘明,张继锋//辽宁日报.—2007.11.21

0569　清代福州满族萨满信仰与本土巫文化的结合/麻健敏//中央民族大学学报(哲学社会科学版).—2007,(1).—54~59

0570　清代宫廷祭祀的佛立佛多鄂谟锡妈妈/孟慧英//满族研究.—2007,(3).—80~89

0571　北方少数民族树木崇拜及木制器具的禁忌习俗/策·斯琴巴特尔//满语研究.—2008,(2).—111~116

0572　从八旗谱牒看满族萨满教与祭祀的关系/谭玉秀,崔婷婷//吉林师范大学学报(人文社会科学版).—2008,(4).—83~85

0573　关于满族萨满教没落的几点思考/张爽//经营管理者.—2008,(15).—58

0574　黑龙江满族民间信仰研究/郭天红//黑龙江民族丛刊.—2008,(3).—150~154

0575　黑龙江满族萨满的职能探析/郭天红//黑龙江民族丛刊.—2008,(4).—111~114

0576　吉林九台满族石姓萨满文化传承调查/吕萍//满族研究.—2008,(2).—93~97

0577　吉林满族陈汉军旗的萨满祭祀/孙运来,王成名//社会科学战线.—2008,(10).—132~138

0578　吉林满族陈汉军旗萨满祭祀与满族萨满祭祀的区别/王成名,王伟//长春大学学报.—2008,(11).—82~85

0579　论宁安满族关氏家祭的特点和社会影响/徐立艳//满族研究.—2008,

（2）.—87~92

0580 满族陈汉军旗萨满祭祀的特点及唱词的主要内容/兰婷,王成名//长春大学学报.—2008,(11).—89~91

0581 满族的火崇拜与火神话/杨琳//社科纵横（新理论版）.—2008,(1).—165+170

0582 满族石姓穆昆的萨满/苑杰//文化遗产.—2008,(2).—87~95

0583 满族石姓穆昆记忆中的萨满教信仰体系/苑杰//满语研究.—2008,(1).—114~122

0584 浅析满族萨满教信仰的式微/刘明新//中央民族大学学报（哲学社会科学版）.—2008,(1).—70~76

0585 清代京畿地区满族民间萨满教祭祀考析/姜小莉//史学月刊.—2008,(4).—124~126

0586 清代满族萨满教研究/姜小莉//东北师范大学.—2008.10.1

0587 清入关前满族萨满教变革论析/姜小莉//黑龙江民族丛刊.—2008,(2).—107~111

0588 山东青州北城村满族信仰调查/刘明新,关欣,袁正//满族研究.—2008,(1).—53~58

0589 从"教乌云"看满族萨满教的宗教教育——依据对吉林省九台市满族石氏家族的田野调查/郭淑云//社会科学战线.—2009,(3).—198~203

0590 满族长白山崇拜论析/汪亭存//民族文学研究.—2009,(4).—29~35

0591 满族石氏家族祭祖习俗调查/孙炜冉//满族研究.—2009,(3).—92~96

0592 浅识炮台山星祭坛与满族祭祀/陈景河//满族研究.—2009,(2).—17~24

0593 岫岩"太平香"祭祖还愿仪式圣、俗性论析/邵媛媛//满族研究.—2009,(3).—97~102

0594 东北满族祭柳仪式的文化思维与文化价值/李烨//吉林师范大学学报（人文社会科学版）.—2010,(6).—12~14

0595 和谐统一的神、人、自然——满族神树崇拜的文化解读/刘乐//东北史

地.—2010,(2).—86~88

0596　黑龙江畔大五家子一带满族的穆昆祭祀和丧葬/张松//满族研究.—2010,(2).—44~47

0597　论宗教在满族传统法文化中的作用/赫然//河北法学.—2010,(8).—9~14

0598　满族萨满创世神话《天宫大战》与太阳崇拜探析/刘孟子//吉林省教育学院学报（学科版）.—2010,(1).—144~145

0599　满族萨满教宫廷祭祀再考察/苑杰//文化学刊.—2010,(5).—151~156

0600　满族萨满教衰落的原因探析/张爽//新疆师范大学.—2009.6.4

0601　满族神话中的灵禽崇拜/张雪飞,岳广腾//时代文学（上）.—2010,(3).—270~271

0602　满族与朝鲜族的远祖及祖先崇拜比较研究/卢载鹤//中央民族大学.—2010.2.1

0603　满族与虎/关云德//吉林日报.—2010.4.15

0604　牡丹江地区满族祭祀仪典程式化研究/刁丽伟,王丽娜//牡丹江师范学院学报（哲学社会科学版）.—2010,(6).—58~60

0605　宁安依兰岗满族关氏家族祭祀探析/郭孟秀//黑龙江民族丛刊.—2010,(6).—116~123

0606　浅谈满族民间传统祭祀习俗的形式与特点/杨晗//黑龙江民族丛刊.—2010,(3).—123~126

0607　清代满族皇帝对长白山的高度神化及其祭祀之礼/杜家骥//满族研究.—2010,(3).—8~12

0608　清代满族萨满跳神所呈现的艺术特征/孙艺//音乐生活.—2010,(7).—59~60

0609　试论满族的萨满教与萨满音乐/奚岩//大众文艺.—2010,(7).—251~252

0610　从满族堂子祭天到天坛圜丘祭天——试论清朝入关前后祭祀观的演变/张晶晶//多维视野下的清宫史研究——第十届清宫史学术研讨会论文集：现代出版

社.—2013.1.—313~321

0611 简论满族入关前的堂子祭祀/李斯娜//许昌学院学报.—2011,(1).—83~85

0612 论满族关公崇拜的文化背景/李蕙//多维视野下的清宫史研究——第十届清宫史学术研讨会论文集:现代出版社.—2013.1.—303~313

0613 满族服饰文化中的灵物崇拜/孙雅致//辽东学院学报(自然科学版).—2011,(2).—136~139

0614 满族萨满教和最早的清宫萨满祭祀遗物/栾晔//满族研究.—2011,(1).—13~17+92

0615 满族萨满教和最早的清宫萨满祭祀遗物/栾晔//多维视野下的清宫史研究——第十届清宫史学术研讨会论文集:现代出版社.—2013.1.—365~375

0616 清太宗皇太极的太庙仪式和堂子——关于满汉两种仪式的共处情况/楠木贤道//清史研究.—2011,(1).—124~129

0617 试论满族萨满教对东北民间信仰的影响/姜小莉//吉林师范大学学报(人文社会科学版).—2011,(3).—23~26

0618 奥都妈妈与奥丁神的比较/鲍明,高玉侠//沈阳师范大学学报(社会科学版).—2012,(2).—57~62

0619 朝鲜民族与满族禽鸟崇拜的比较研究/朴贤美//中央民族大学.—2012,(11).—105

0620 崇尚自然:满族尼玛察氏的"野祭"仪式/吕萍//中国民族报.—2012.2.14

0621 从满族的祭祀崇拜看长白山对北方民族的深远影响/付宝仁//协商新报.—2012.7.13

0622 从满族的萨满教中窥视人类应有的精神信仰/徐潇雨//商.—2012,(22).—152

0623 从寺庙修建看努尔哈赤时期满族宗教信仰变化特点/孟繁勇//兰台世界.—2012,(36).—70~71

0624 辽宁满族自治县祖先崇拜的现状及特点/苗丽//商业文化(下半月).—

2012,(12).—105~106

0625 辽宁省满族民间信仰现状研究——以本溪满族自治县和丹东满族自治县为例/易欣婷,刘颖//辽宁经济管理干部学院(辽宁经济职业技术学院学报).—2012,(5).—45~47

0626 满语词语与满族的太阳崇拜初探/张殿典//扬州大学学报(人文社会科学版).—2012,(3).—122~126

0627 满语词语与满族萨满教文化关系研究/张殿典//黑龙江大学.—2012,(10).—227

0628 满族佛库伦神话中的萨满教意识/王海冬//民间文化论坛.—2012,(4).—29~33

0629 满族民间传统绣品中的图腾崇拜/关云德,关长宝//满族研究.—2012,(3).—79~81

0630 满族萨满教衰落的原因和环境之浅析/杨义健率,吴迪//北方文学(下半月).—2012,(3).—198

0631 满族萨满教现代遗存探析/彭纯//天津师范大学.—2012,(10).—48

0632 萨满激情的绽放/刘凤琴//四平日报.—2012.1.4

0633 萨满信仰在满族共同体形成过程中的作用/周丽娜//黑龙江大学.—2012,(11).—43

0634 仪式与音声——以宁古塔地区满族萨满家祭仪式为例/初征,王立扬//北方音乐.—2012,(7).—134

0635 重识萨满信仰与满族舞蹈/张莉,王丽伟//赤峰学院学报(汉文哲学社会科学版).—2012,(9).—224~225

0636 宗教现象学本质直观的"努秘"路径——以宁古塔满族萨满祭祖仪式为例/关杰//世界宗教文化.—2012,(6).—77~80+76

0637 "叙话–调子"本质直观路径探索——以宁古塔满族萨满祭祖为例/关杰//黑龙江民族丛刊.—2013,(4).—141~146

0638 敖都玛法与佛朵玛玛新说/石继顺//春草集(二)——吉林省博物馆协会第二届学术研讨会论文集.—2013.8.26—295~298

0639　传统文化变迁中的当代辽宁满族家祖崇拜/苗丽//戏剧之家（上半月）.—2013,（11）.—339+344

0640　打牲乌拉伊尔根觉罗家族祭祀/赵聆实//东北史地.—2013,（6）.—63~65

0641　当代乌拉街满族春节祭祖仪式现状及其价值/邵凤丽//广西师范大学学报（哲学社会科学版）.—2013,（2）.—66~71

0642　东方的女普罗米修斯——论满族女神拖亚拉哈/贺萍,李吉光//长春师范学院学报.—2013,（7）.—1~3

0643　吉林九台满族石姓家族萨满野祭仪式调查/于洋//满族研究.—2013,（2）.—67~74+90

0644　科尔沁博与满族萨满教比较研究/高娃//满语研究.—2013,（2）.—88~90

0645　科尔沁右翼前旗满族乡查干敖包祭祀习俗探析/巴格根图牙//内蒙古师范大学.—2013,（8）.—71

0646　略论清入关前满族萨满教的变化及其原因/孟繁勇,王雁//兰台世界.—2013,（3）.—98~99

0647　满族采人参生产中的信仰文化/李爽//满族研究.—2013,（2）.—75~80

0648　满族的鸦鹊崇拜/郭翠潇//百科知识.—2013,（1）.—59~61

0649　满族风俗图谱（民间信仰）//满族文学.—2013,（3）.—2+113

0650　满族民间祭祀：仪式、特征与意义/张丽梅//中国社会科学报.—2013.5.15

0651　满族文化象征的当下实践——以龙年续谱、祭祖为例/孟慧英//东北史地.—2013,（3）.—90~96

0652　清代满族的乌鸦文化认同探究/方华玲//清宫史研究（第十一辑）——第十一届清宫史研讨会论文集：文化艺术出版社.—2013.12.—597~604

0653　清代满族宗教信仰之嬗递/范立君,肖光辉//吉林师范大学学报（人文社会科学版）.—2013,（5）.—21~23+27

0654　神话视域下满族先民"柳"神崇拜的嬗变研究/李莉//史学集刊.—

2013,(6).—111~116

0655　试论满族的两个祖先信仰系统/孟慧英//辽宁大学学报(哲学社会科学版).—2013,(5).—1~8

0656　寻找海东青/王际源//海燕.—2013,(8).—79~80

0657　中国满族萨满祭祀与韩国巫俗祭祀中"神杆"的比较研究/田婧//参花(下).—2013,(10).—133~135

四、历史

（一）先世遗民

0658　居住在张广才岭的满族"巴拉人"/穆晔骏//黑龙江文物丛刊.—1984,（2）.—64~68

0659　从肃慎到女真/白凤岐//满族研究.—1986,（1）.—7~11+84

0660　满族先世在桓仁/邵文津,王从安//满族研究.—1986,（3）.—41~46

0661　叶赫部史初探/李欣,金基浩//满族研究.—1986,（3）.—10~17

0662　扈伦四部世系匡谬/赵东升//满族研究.—1991,（4）.—29~35

0663　建州女真在宽甸述略/徐长谦//满族研究.—1992,（2）.—29~31

0664　叶赫部界限考/庄福林//满族研究.—1993,（3）.—3~6

0665　"叶赫之墟"复苏以来聚拢的满族/庄福林//松辽学刊（社会科学版）.—1997,（4）.—26~28

0666　试论"叶赫之墟"及其复苏/庄福临//满族研究.—1997,（2）.—17~22

0667　试论叶赫部的灭亡及其原因/庄福林//满族研究.—1997,（1）.—16~23

0668　论叶赫衰亡的历史启示/薛柏成//满族研究.—1998,（1）.—36~39

0669　从最新考古学成果看满族先世的历史与发展/张泰湘//满族研究.—2002,（2）.—30~36

0670　清皇室发源地及清肇祖探讨/赵东升//满族研究.—2003,（1）.—56~62

0671　兴凯湖与满族一支的崛起/王宝平//中国地名.—2003,（4）.—15~16

0672　满族先祖探微/耿立言,张旭//满族研究.—2004,（2）.—63~66

0673　三江流域地区满族先世龙兴之地的研究/吕秀莲//佳木斯大学社会科学学报.—2005,（4）.—82~83

0674　重读甲申——写在八旗入关360周年之际（上）/张佳生//满族研究.—2005,（1）.—17~26

0675　重读甲申——写在八旗入关360周年之际（下）/张佳生//满族研究.—2005,（2）.—56~62

0676 满族发祥地乌拉街镇/高菲//吉林日报.—2006.12.9

0677 满族先民与长白山的早期开发/张杰//满族研究.—2006,(3).—31~37

0678 肃慎考/吉本道雅//满语研究.—2006,(2).—95~100

0679 栋鄂部研究/王从安//满族研究.—2007,(3).—69~74

0680 关于拉林地区满族移民的历史思考/舒展//黑龙江民族丛刊.—2008,(6).—71~74

0681 满族人是渤海人的后代吗/庞丽娟,王林晏//黑龙江史志.—2008,(24).—80

0682 我国肃慎、挹娄、勿吉史的研究综述/张晓光//满族研究.—2008,(2).—35~37+102

0683 挹娄文化发祥地/王不也,吴岳福//黑龙江日报.—2008.10.25

0684 论肃慎族系诸称谓的关系及勿吉的来源/梁玉多//满族研究.—2010,(3).—38~42+48

0685 肃慎——女真族系历史沿革与分布地域研究与中国边疆学的建设/郝庆云//满族研究.—2010,(2).—11~14

0686 肃慎——女真族系形成发展研究与民族学/赵阿平//满族研究.—2010,(2).—1~5

0687 肃慎族研究分类综述——近现代篇/姚玉成,杨海鹏//满族研究.—2010,(3).—30~37

0688 三江平原:满族先祖挹娄族发祥地/朱洪敏//黑龙江档案.—2011,(3).—184

0689 寻找建州女真的故乡/黄强,张克//寻根.—2012,(5).—111~115

0690 明代中前期女真聚落层次体系例析/王飒,赵钧//宁波保国寺大殿建成1000周年学术研讨会暨中国建筑史学分会2013年会论文集.—2013.8.22

(二)族源、族称

0691 从《清太祖武皇帝实录》看满族族源/郑天挺//社会科学战线.—1983,

（3）.—172~174

0692 满族姓氏述略/刘庆华//民族研究.—1983,（1）.—64~71

0693 从满洲的命名谈起/王锺翰//满族研究.—1985,（1）.—12~15

0694 满族的源流和形成/马力//满族研究.—1985,（1）.—94~96

0695 满族祖籍小考/李鸿彬//学习与探索.—1985,（2）.—143~144+88

0696 满洲族名研究综述/马越山//满族研究.—1986,（3）.—18~20

0697 满族八大姓与回族十三姓/阎学仁//中国民族.—1986,（4）.—43

0698 丹东地区满族村落的形成和命名/张其卓//满族研究.—1987,（1）.—28~30

0699 丰宁县的满族——丰宁县满族的来源/阎秀峰//满族研究.—1987,（3）.—5~8

0700 马佳氏源流纪略/马熙运//满族研究.—1987,（1）.—31~36

0701 满族姓氏的来源/玲珑//满族研究.—1987,（1）.—11

0702 青龙县满族来源初考/刘玉宗,金鑫//民族研究.—1987,（4）.—105~108

0703 青龙县满族源流初考/杨贺春//满族研究.—1987,（3）.—2~4

0704 台湾省粘氏寻根记/粘国民//满族研究.—1988,（4）.—69

0705 满族瓜尔佳氏源流及其历史地位/李林//满族研究.—1989,（4）.—37~42

0706 溥仪的名和姓/赵书//紫禁城.—1989,（4）.—8+36

0707 岫岩满族源流考/张其卓//满族研究.—1989,（2）.—81~85

0708 河北满族姓氏述略/布尼阿林//满族研究.—1990,（1）.—50~54+76

0709 李满住与满族族名/姚斌//满族研究.—1990,（3）.—14~17

0710 满族姓氏源流考/朱积孝//承德师专学报（社会科学版）.—1990,（2）.—50~54

0711 满族源流考/赵展//黑河学刊.—1990,（3）.—77~86

0712　承德满族姓氏探源/布尼阿林//中央民族学院学报.—1991,（5）.—60～62

0713　宽城满族来源考/唐学凯//满族研究.—1991,（1）.—40～45

0714　西蔡峪满族历史简考/赵凤阳//满族研究.—1991,（1）.—46～48

0715　本溪县泥塔村爱新觉罗氏考/景爱//满族研究.—1992,（3）.—28～30

0716　吉林满族的渊源及衍变考略/张云樵//社会科学战线.—1992,（2）.—211～218

0717　满族入关前后之取名及相关诸问题分析/杜家骥//北京国际满学研讨会论文集：民族出版社.—1992.8.—202～217

0718　满族溯源考/冯守忱//锦州师院学报（哲学社会科学版）.—1992,（4）.—38～39

0719　从朝鲜族传说看努尔哈赤祖先的发祥地/崔羲秀，崔雄权//满族研究.—1993,（2）.—18～24

0720　努尔哈赤先世家族谱牒/董万//满族研究.—1994,（2）.—17～27

0721　关于叶赫部首领的族属问题/赵东升//满族研究.—1995,（4）.—55～60

0722　满洲满族名称辨析（上）——纪念满洲定名360周年/滕绍箴//满族研究.—1995,（3）.—45～53

0723　满洲满族名称辨析（下）——纪念满洲定名360周年/滕绍箴//满族研究.—1995,（4）.—47～54

0724　满族姓氏趣谈//武汉文史资料.—1995,（1）.—173～174

0725　东北古老的民族——"满族"源流述/于素林//无锡教育学院学报.—1996,（2）.—38～39

0726　辽东满族望族八大姓姓氏探源/赵维和，沈秀清//满族研究.—1996,（1）.—38～44

0727　辽宁辛亥义士鲍化南、宝昆的旗籍和姓氏考/鲍明，王德仁//满族研究.—1996,（4）.—42～46

0728　努尔哈赤祖居地考——兼与陈捷先先生商榷/敦冰河//满族研究.—1996,（4）.—12~21

0729　满族谱书研究的几个问题/傅波,张德玉//清史研究.—1997,（3）.—107~111+118

0730　试论历史上的小云南与小云南人/夏树藩//满族研究.—1999,（1）.—52~54

0731　也谈"小云南"/袁辉//满族研究.—1999,（2）.—72~73

0732　伊通满族姓氏考/蒋理//满语研究.—1999,（2）.—12

0733　"释马法"的启示/王艳春//满族研究.—2000,（3）.—42~47

0734　高鹗祖籍是铁岭不是沈阳/李奉佐,汪韶彬//满族研究.—2000,（2）.—69~73

0735　略谈满族的源起与爱新觉罗氏之龙兴——与黑龙江省考古学家们商榷/王新弟,张克//牡丹江师范学院学报（哲学社会科学版）.—2000,（5）.—47~51

0736　"满族发祥依兰说"质疑/王新弟,张克//黑龙江社会科学.—2001,（1）.—65~66

0737　刍议满汉姓氏起源的共同特征/高庆仁//满族研究.—2001,（4）.—46~51

0738　浅论叶赫那拉氏族谱/薛柏成//满族研究.—2001,（4）.—52~56

0739　满族姓名初探/李学成//辽宁广播电视大学学报.—2002,（1）.—50~52

0740　清始祖发祥地传说研究的反思/董万仑//满语研究.—2002,（1）.—63~68

0741　建州女真董鄂部的历史初探/姚斌//满族研究.—2003,（2）.—60~64

0742　小议"满族八大姓"/曹德全//满族研究.—2003,（2）.—84~87+96

0743　满族姓氏趣谈/顾建平//寻根.—2004,（4）.—101

0744　努尔哈赤崛起与上夹河/孙相适//满族研究.—2004,（1）.—12~20

0745　关于汉语"满洲"一词之由来/邸永君//满语研究.—2005,（1）.—

87~90

0746 满洲八旗《叶赫那拉氏族谱》研究/赵维和//满族研究.—2005,(2).—80~85

0747 承德地区满族尹姓鹰手源流考/尹永荣//承德民族师专学报.—2006,(1).—117~120

0748 金朝始祖函普族属考辨/赵永春//满族研究.—2006,(1).—68~74

0749 关于满族族称的再思考/刘厚生//东北史地.—2007,(2).—26~28

0750 满族族源神话与"满洲"族称/刘大志//黑龙江民族丛刊.—2007,(1).—109~113

0751 东北地区满族族谱的收集整理及其史料价值/许淑杰//吉林师范大学学报(人文社会科学版).—2008,(4).—72~74

0752 解读满族传统姓氏之谜——兼致关心此谜的所有族胞/完颜·古尔金//辽宁大学学报(哲学社会科学版).—2008,(1).—77~80

0753 略论满族字辈谱的形成/于鹏翔,赵丹//吉林师范大学学报(人文社会科学版).—2008,(4).—92~94

0754 满族谱牒研究中相关问题的剖析/赵维和,邢宝峰//满族研究.—2008,(1).—119~124

0755 东北地区民间汉军旗谱单形制研究/孙明//满族研究.—2009,(3).—88~91

0756 谈八旗汉军家谱中的"小云南"/张德玉//满族研究.—2010,(4).—41~46

0757 东北地区民间满族谱牒形制源流考/孙明//东北师大学报(哲学社会科学版).—2011,(1).—102~106

0758 俄罗斯学者关于乌德盖人的研究历程/纪悦生//满族研究.—2012,(1).—116~120

0759 满族八大姓/金诚//海内与海外.—2012,(2).—45~47

0760　满族姓氏的来源/金诚//海内与海外.—2012,(11).—68~69

0761　清初卜魁族属姓氏考/金鑫//历史档案.—2012,(1).—126~129

0762　清代满洲姓氏源流变化考探/姜相顺//满学论丛[第三辑]：辽宁民族出版社.—2012.12.—153~166

0763　佟图赖支系族属旗籍考辨/滕绍箴//满学论丛[第三辑]：辽宁民族出版社.—2012.12.—111~122

0764　黑龙江苏完瓜尔佳哈拉满文谱书初探/张杰,李秀莲//清史研究.—2013,(3).—119~125

0765　满族八大家与八大姓新考/李学成//社会科学辑刊.—2013,(6).—152~155

0766　恰喀拉人的历史与文化变迁研究/马熙森//哈尔滨师范大学.—2013,(3).—42

0767　青龙满族张董姓氏考/张国中//满族文学.—2013,(1).—106~107

（三）谱系、宗族、姓氏

0768　清宗室爵号考/郭成康//满语研究.—1985,(1).—63~65

0769　谈谈满族人的姓名/爱新觉罗·瀛生//满族研究.—1985,(2).—55~60

0770　从满文记载看"诸申"的身份和地位/董万仑//满语研究.—1986,(1).—70~74+57

0771　三家子陶氏家族史料/李书//满语研究.—1986,(2).—113~119+90

0772　吉林满族办家谱述略/石文炳//吉林师范学院学报（哲学社会科学版）.—1987,(2).—89~90+20

0773　满族家谱小议/李巨炎//满族研究.—1987,(2).—64

0774　释汗依阿玛/王锺翰//满族研究.—1987,(2).—9~15

0775　"爱新觉罗"哪里去了——满族姓氏的历史演变/王泉根//文史杂志.—1988,(2).—28~29

0776　爱新觉罗姓氏之谜/金启孮//满族研究.—1988,(1).—40~45

0777 黑龙江地方是满族"哈拉"产生故地之一/尹·郁山//黑龙江民族丛刊.—1988,(4).—46~48

0778 谈清代宗室封爵等级/雅路//满语研究.—1990,(2).—112~113

0779 满族文化的瑰宝——《凤城瓜尔佳氏宗谱》初探/李林//辽宁大学学报(哲学社会科学版).—1991,(3).—39~42

0780 清代在察哈尔部设置宗室"苏鲁克"制的满文史料及关于"苏鲁克"制论述/罗丽达//满族研究.—1991,(3).—17~21

0781 浅谈瓜尔佳氏家谱/那启明//满族研究.—1992,(1).—48~49

0782 乌拉满族哈拉新探/李澍田,尹郁山//清史研究.—1992,(3).—8~16+23

0783 从一份"家训"看清后期满族的族长制/谢肇华//满族研究.—1993,(1).—42~45

0784 九台市罗古屯赵姓满族历史溯查/赵东升,赵嘉荣//满族研究.—1993,(2).—25~29

0785 满族人名的民俗特征和语言特征/王火//满族研究.—1993,(4).—72~77

0786 清代"玉牒"探析/陆可平,程大鲲//满族研究.—1993,(2).—30~35

0787 爱新觉罗字辈商榷/爱新觉罗闿峰//满族研究.—1994,(2).—55

0788 当代中国的完颜氏遗民/景爱//满族研究.—1994,(3).—35~36

0789 清代八旗中高丽人名字的语言和民俗特征/王火//满族研究.—1995,(2).—43~49

0790 东北驻屯满族的血缘组织——从氏族到家族再到家户的演变/高丙中//满族研究.—1996,(1).—16~24

0791 满族称谓漫谈/王火//修辞学习.—1996,(3).—13~14

0792 十七世纪满族人的命名/冯尔康//故宫博物院院刊.—1996,(1).—86~88

0793　谈爱新觉罗氏的汉字姓/佐海峰//满族研究.—1996,(4).—40~41

0794　袁崇焕的冤案和他的满族后裔/陈驹//文史春秋.—1996,(3).—34~36

0795　"满族"名称考释//内蒙古社会科学(文史哲版).—1997,(1).—30

0796　清代的宗室封爵及其等级差别的特殊性/杜家骥//满族研究.—1997,(1).—41~45

0797　清代宗室亲王之封谥/程大鲲//满语研究.—1997,(2).—27~36

0798　萨布素家族与《付察哈拉家谱》的初步调研报告/赵阿平,张晓光//满语研究.—1997,(2).—60~67

0799　简述满语赐号"巴图鲁"/邹兰欣//满族研究.—1999,(4).—66~69

0800　高鹗祖籍铁岭隶汉军籍之考证/李奉佐,汪韶彬,崔连玉//满族研究.—2000,(3).—61~67

0801　清代宗室郡王封谥考/程大鲲//满语研究.—2000,(1).—32~38

0802　《星源集庆》及行辈用字/佐海峰,爱新觉罗·德崇//满族研究.—2001,(4).—95~96

0803　边台哈什胡里氏(韩)家谱研究/韩启昆//满族研究.—2001,(1).—61~68

0804　《金史》女真人名释例/孙伯君//满语研究.—2002,(2).—92~96

0805　鄂伦春族的"部落"组织——兼谈满族八旗制度对鄂伦春族社会的影响/唐戈//满语研究.—2002,(2).—114~122

0806　满族的宗族部族及其民族与国家的形成/杨茂盛,徐懿姣,徐景华//北方文物.—2002,(4).—57~67

0807　清代皇族的管理/韩光辉//满族研究.—2002,(4).—83~86

0808　清代满族"哈拉"、"格布"的来源与演变/李学成//社会科学辑刊.—2002,(3).—124~127

0809　清代满族民间宗法制度基本形态浅析/何海龙//满族研究.—2002,(4).—24~32

0810　清入关前满族组织结构及相关问题研究/苒世明//史学集刊.—2002,（1）.—77~83

0811　抗日英雄佟麟阁祖籍小考/曹文奇//满族研究.—2003,（1）.—88~90

0812　满族家谱调查与研究/吴雪娟,吴卫//满语研究.—2003,（1）.—121~124

0813　清代宗室贵族谥号考/程大鲲//满族研究.—2004,（3）.—79~85

0814　试析满族人名与文化/吴春娟//满语研究.—2004,（1）.—107~110

0815　新宾上夹河镇腰站村清皇室后裔调查纪实/何晓芳,张晓琼//满族研究.—2004,（1）.—1~11

0816　金源女真姓氏谱及改汉姓之分类与特点/穆鸿利//满族研究.—2005,（4）.—36~47

0817　清朝满族的皇家宗法与其皇位继承制度/杜家骥//清史研究.—2005,（1）.—32~46

0818　丹东八旗家谱中"随龙安家"的记载/张其卓//满族研究.—2006,（4）.—75~84

0819　明代后金女真"沈"姓探——从《明代满蒙史料·李朝实录抄》"沈"姓记载看女真姓氏的变化/沈林//满族研究.—2006,（2）.—85~96

0820　从清代玉牒看清代的宗法制度/赵彦昌,李国华//满族研究.—2007,（1）.—79~85

0821　满族穆昆在部落国家时代的演变/苑杰//满族研究.—2007,（2）.—53~60

0822　从满族家谱看满族家训内容/王伟,王丹//吉林师范大学学报（人文社会科学版）.—2008,（4）.—86~88

0823　满族家谱述略/林德春,聂有财,张丹丹//吉林师范大学学报（人文社会科学版）.—2008,（4）.—77~79

0824　从父亲老舍的满族籍和习好说起/舒济//新文学史料.—2009,（3）.—

57~73

0825 关于佟养性研究中的几个问题 / 佟永功 // 满族研究. —2009, (4). —45~47

0826 论满族家谱《来室家乘》的纪年方式 / 郁辉 // 满族研究. —2009, (1). —64~67

0827 佟养性及其家族与清朝开国 / 王景泽, 杨华 // 满族研究. —2009, (2). —25~30

0828 "满洲"族名管窥 / 张云霞 // 哈尔滨学院学报. —2010, (12). —7~10

0829 《清秘述闻续》载龄、麟书旗籍辨误 / 杨春俏 // 满族研究. —2010, (3). —67~69

0830 八旗满洲官宦世家考——以富察氏家族为例 / 陈轶欧 // 牡丹江师范学院学报(哲学社会科学版). —2010, (2). —60~64

0831 八旗满洲官宦世家探论——以富察氏家族为例 / 陈轶欧 // 辽宁师范大学. —2010.5.1

0832 黑龙江富察哈拉满文家谱述论 / 张杰 // 满族研究. —2010, (4). —37~40

0833 论金代前期的宗室贵族群体 / 宋立恒 // 满族研究. —2010, (1). —21~25

0834 满族富察哈拉家谱初探 / 张杰 // 黑龙江大学. —2010.4.6

0835 满族家谱及其价值 / 杨英军 // 中国文物报. —2010.6.2

0836 满族人名的历史特征分析 / 冯璐 // 满语研究. —2010, (2). —124~130

0837 满族舒穆禄氏研究与资料整理 / 崔蕾 // 广西师范学院. —2010.6.15

0838 史禄国的满族穆昆组织研究述评 / 董微微 // 黑龙江大学. —2010.5.28

0839 《八旗满洲氏族通谱》蒙古姓氏考 / 乌兰 // 民族研究. —2011, (1). —62~76+109~110

0840 本溪地区的满族家谱 / 杨丽娟 // 兰台世界. —2011, (1). —47

0841 大清皇帝满语名字初探 / 鲍明 // 多维视野下的清宫史研究——第十届清宫史学术研讨会论文集: 现代出版社. —2013.1. —418~424

0842 论"满洲八大家"及其形成演变/张佳生//沈阳故宫博物院院刊.—2011.—193~214

0843 母系氏族社会萨敦哈喇与努尔哈赤姓氏/姜相顺//沈阳故宫博物院院刊.—2011.—184~192

0844 "奴才"由来/祁美琴//领导文萃.—2012,(17).—96

0845 曹雪芹高祖曹振彦旗籍新考——从新发现的满文材料谈起/黄一农//文史哲.—2012,(1).—55~63

0846 长白佟氏考/高歌,佟有才//科技信息.—2012,(8).—193~194

0847 从宁安地区几部谱书看家谱的史料价值/綦中明//山西档案.—2012,(3).—79~83

0848 福陵觉尔察氏为清代亚皇族问题/张德玉,姜小莉//满学论丛[第三辑]:辽宁民族出版社.—2012.12.—143~152

0849 老舍家世考/傅光明//广播电视大学学报(哲学社会科学版).—2012,(2).—58~63

0850 满语官职称谓研究/孙浩洵//黑龙江大学.—2012,(10).—73

0851 满语和满族谱牒:萨满研究新钥匙/于鹏翔//中国社会科学报.—2012.4.2

0852 满语君主称谓探析/綦中明//黑龙江民族丛刊.—2012,(5).—173~177

0853 满洲瓜尔佳氏及相关文献研究/刘金德//满语研究.—2012,(2).—129~136

0854 清代富察氏家族文化研究/陶诗媛//西南大学.—2012,(8).—89

0855 清代满族贵族范文程家庭兴衰史研究/赵维和//满族研究.—2012,(4).—100~107

0856 清太祖汉译名考/阎崇年//北京历史文化研究:人民出版社.—2012.12.—43~55

0857 史禄国与满族"莫昆"组织研究/唐戈,曲文勇//满语研究.—2012,

（1）.—64~69

0858　叶赫那拉氏家族史料研究述评/薛柏成//史学集刊.—2012,（2）.—60~65+88

0859　伊犁满族与舒穆尔氏家族/苏集祖//满族研究.—2012,（3）.—73~78

0860　自称"奴才"始于康熙二十九年/祁美琴//文史参考.—2012,（9）.—111

0861　八旗满洲八著姓与清政权之崛起/李小雪//辽宁大学.—2013,（1）.—95

0862　黑河市富察哈拉满文家谱调查——江东六十四屯后人叙事缩影/张杰,李秀莲,杨勇,彭赞超//黑龙江史志.—2013,（6）.—23~24

0863　黑龙江民间满族家谱现状与研究/王敌非//黑龙江民族丛刊.—2013,（3）.—169~173

0864　呼唤那郎阿/张其卓//满族文学.—2013,（6）.—93~95

0865　满语官职称谓的产生及演变考略/孙浩洵//黑河学刊.—2013,（12）.—54~55+152

0866　满语名号研究/綦中明//黑龙江大学.—2013,（10）.—255

0867　清代"格格"不能乱叫/浮云//人才资源开发.—2013,（12）.—34

0868　清代大将军满文名号考/程大鲲//满语研究.—2013,（2）.—8~13

0869　清宗室女作家顾太清家庭关系考/张淑蓉,王海荣//沈阳师范大学学报（社会科学版）.—2013,（2）.—136~138

五、文献与考古

（一）文献、档案、史料

0870 《钮祜禄氏家谱》研究/卢骅//满族研究.—1986,(1).—81~84

0871 吉林省满文古籍述略/刘厚生//满语研究.—1986,(2).—141~144+44

0872 乌拉哈萨虎贝勒后辈档册与满文谱图初探/丛佩远,张晓光//满族研究.—1986,(3).—47~55

0873 一部有关满族入关前军事征战史的重要著作——《长白山记》/张钧//图书馆学研究.—1986,(5).—121~125

0874 关于《乌拉哈萨虎贝勒后辈档册与满文谱图初探》的几点补充说明/赵东升//满族研究.—1988,(3).—69~76

0875 略谈博明的《凤城琐录》/白凤岐//满族研究.—1988,(3).—31~34

0876 论《满文老档》/关孝廉//满族研究.—1988,(1).—52~58

0877 日本京都大学图书馆藏 满汉合璧写本《温凉盏》评介/朱眉叔//满族研究.—1988,(3).—42~51+62

0878 世界最长的译文——《满文大藏经》/阎学仁//满族研究.—1988,(2).—72

0879 《巴雅喇氏家谱》浅探/申成信//满族研究.—1989,(3).—45~46+73

0880 鳌拜后裔家谱的发现及其有关问题/瀛云萍,都兴智//满族研究.—1989,(2).—86~89

0881 满文古籍文献述略/玛娜//满族研究.—1989,(1).—48~52

0882 《大清全书》研究/季永海//满语研究.—1990,(2).—42~50

0883 《旧清语》研究（一）/赵志强//满语研究.—1990,(2).—51~57

0884 《重刻清文虚字指南编》评介/李书//满语研究.—1990,(2).—135~137+74

0885 满文《太祖老档》的编纂/三田村泰助,齐福康//满语研究.—1990,(2).—101~111+100

0886 《打牲乌拉志典全书》的补订及考析/尹郁山//满族研究.—1991,

（2）.—38~75

0887　《旧清语》研究（二）/赵志强//满语研究.—1991,（2）.—72~78+54

0888　康熙帝与满族第一部医学译著《钦定骼体全录》/于永敏//满族研究.—1991,（1）.—59~61

0889　纳兰性德著作考/赵秀亭//满族研究.—1991,（2）.—53~62

0890　《打牲乌拉志典全书》"补订"之补正及穆克登其人其事/傅柏龄//满族研究.—1992,（3）.—23~27

0891　《旧清语》研究（三）/赵志强//满语研究.—1992,（1）.—53~60+32

0892　《满文老档》综析/刘子扬,张莉//满语研究.—1992,（2）.—66~73

0893　阿·瓦·格列别西科夫关于萨满教的满文档案资料/庞·达吉雅娜·阿列克山德洛夫娜,黄定天//满语研究.—1992,（2）.—116~118

0894　有关清初吉林满族的汉文史料文献/冯尔康//北京国际满学研讨会论文集：民族出版社.—1992.—245~254

0895　震钧与《天咫偶闻》/项小玲//满族研究.—1992,（4）.—54~59

0896　中国满文医学译著考述/于永敏//满族研究.—1993,（2）.—54~60

0897　法国耶稣会传教士巴多明关于满文的书信/斯达理·G,庞·T·A,黄锡惠//满语研究.—1994,（2）.—94~99+82

0898　汉文本《清太祖高皇帝实录》订误二则/佟佳江//满族研究.—1994,（4）.—14~15

0899　满族石姓神本简述/宋和平,孟慧英//满族研究.—1994,（1）.—53~61

0900　遐龄与《醉梦录》/邓伟//满族研究.—1994,（3）.—54~60

0901　《满文老档〈太宗朝〉》综析/刘子扬,张莉//满语研究.—1995,（2）.—59~69+77

0902　韩国满语研究资料的重要意义/池上二良,蒋理//满语研究.—1995,（1）.—114~117

0903　呼和浩特满文古籍文献述略/佟鸿举//满语研究.—1995,（2）.—134~136

0904　《满文老档〈太宗朝〉》综析/刘子扬,张莉//满语研究.—1996,（1）.—

61~74

0905 《清史稿》中的多尔济/扎昆//满族研究.—1996,(4).—37

0906 《清史稿·藩部世表订误》补/佟佳江//满族研究.—1996,(1).—50~55

0907 满文《菜根谈》小议/赵志忠//满族研究.—1996,(3).—90

0908 满族传说《尼山萨满》汉文版本比较/宋和平//民族文学研究.—1996,(1).—32~36

0909 日本收藏满文文献概述/何溥滢//满族研究.—1996,(4).—86~90

0910 满文古籍文献概述/吴昕阳//满族研究.—1997,(4).—51~54

0911 清代内阁满文档案述略/吴元丰//满语研究.—1997,(1).—55~61

0912 "内阁大库残档"乾隆朝大学士傅恒奏折鉴析/佟永功,关嘉禄//满族研究.—2000,(1).—52~58

0913 《黑图档》与沈阳故宫原状陈列/邹兰欣//满族研究.—2000,(4).—26~30

0914 《开原图说·海西夷南关枝派图说》补正与考释/赵东升,那炎//满族研究.—2000,(1).—32~37

0915 呼伦贝尔副都统衙门满文档案/佟永功//满族研究.—2000,(3).—50

0916 东洋文库藏现存满文圣经稿本介绍/金东昭,金贞爱//满族研究.—2001,(3).—92~96

0917 康熙《御制清文鉴》选词特点举要/江桥//满语研究.—2001,(1).—38~49

0918 清前期北京旗人满文房契研究/刘小萌//民族研究.—2001,(4).—84~94+110

0919 满文档案与五大连池火山研究/吴雪娟,陈洪洲//满语研究.—2002,(2).—68~75

0920 《汉清文鉴》与《御制增订清文鉴》的比较/崔宰宇//民族语文.—2003,(2).—65~69

0921 满文蒙古文和汉文《清太祖实录》之间的关系/齐木德道尔吉//内蒙古大学学报(人文社会科学版).—2003,(1).—15~23

0922 评校点本《钦定八旗通志》阎崇年//满语研究.—2003,(1).—140~142

0923 齐齐哈尔满文文献、档案调查报告/徐小慧//满语研究.—2003,(1).—129~132

0924 清代黑龙江满文档案与蒙古族研究/刘淑珍//满语研究.—2003,(1).—125~128

0925 试论满文文献特征/郭孟秀//满族研究.—2003,(4).—73~78

0926 已刊康熙朝满汉文奏折正误/白新良//清史研究.—2003,(4).—74~80

0927 黑龙江地区柯尔克孜族历史满文档案及其研究价值/吴元丰//满语研究.—2004,(1).—61~68

0928 满文玉宝、玉册研究/郭孟秀//满语研究.—2004,(2).—82~86

0929 清代满文文献概论/贺灵//西域研究.—2004,(1).—97~103+114

0930 谢德林图书馆收藏的满文写本和刻本/聂鸿音//满语研究.—2004,(1).—75~79

0931 《雍正十三年赠训导包有章父母敕命》概述/孔维震,刘淑珍//满语研究.—2005,(1).—121~123

0932 两部《八旗通志》比较研究/赵德贵//满族研究.—2005,(3).—78~84

0933 论赛尚阿纂《蒙文指要》春花//满语研究.—2005,(1).—116~120

0934 乾隆《御制盛京赋》版本源流/卢秀丽//满族研究.—2005,(1).—95~96

0935 浅析清代鄂伦春满文户籍档案/刘淑珍,苏静//满语研究.—2005,(2).—36~40

0936 恭亲王奕訢的封爵时间/张军//满族研究.—2006,(3).—128

0937 满文—谚文文献/江桥//满语研究.—2006,(2).—36~40

0938 满语研究灰色文献若干问题刍议/杨惠滨//满语研究.—2006,(2).—53~56

0939 《清语老乞大》研究/季永海//满语研究.—2007,(2).—33~37

0940 满文《那氏谱单》及神本述评/薛柏成,姜小莉//吉林师范大学学报(人文社会科学版).—2007,(6).—44~46

0941　清代军机处满文月折包及其史料价值/吴元丰//满语研究.—2007,（1）.—56～67

0942　入关前清（后金）南略次数考——兼论《清实录》之失载/沈一民//满语研究.—2007,（1）.—78～83

0943　《清实录》稿底正副本及满汉蒙文本形成考论/谢贵安//史学集刊.—2008,（2）.—92～101

0944　《清文翻译全藏经》丛考/章宏伟//满语研究.—2008,（2）.—54～64

0945　《三字经》满、蒙文本及仿制本述论/肖朗,王鸣//浙江大学学报（人文社会科学版）.—2008,（1）.—156～166

0946　东北边疆满文档案研究/吴春娟,刘淑珍//满语研究.—2008,（2）.—79～83

0947　关于汉满合璧三十二体《御制盛京赋》清内府精写本的探究/卢秀丽//图书馆.—2008,（3）.—121～123

0948　满文《四书》修订稿本及其价值/徐莉//满语研究.—2008,（1）.—64～67

0949　满文本《蒙古源流》语言学价值及其开发利用/高娃//满语研究.—2008,（2）.—75～78

0950　满文与满文古籍文献综述/吴元丰//满族研究.—2008,（1）.—99～113+128

0951　满语、女真语研究者渡部薰太郎著述考/薛莲,王小川//满族研究.—2008,（2）.—123～128

0952　清代康、雍、乾三朝满、汉二体《国史》的编纂研究/乌兰其木格//内蒙古师范大学学报（哲学社会科学版）.—2008,（5）.—105～108

0953　清代满族祭葬习俗画卷——《镶黄旗满洲钮祜禄氏弘毅公（额亦都）祠堂宝茔图》/刘冰//图书馆学刊.—2008,（5）.—2

0954　清代首任黑龙江将军萨布素满文题奏研究/李健民,李洪伟,张丽娜,刘天琦//满语研究.—2008,（2）.—69～74

0955　清代首任伊犁将军明瑞满文奏折综析/郭美兰//满语研究.—2008,

（1）.—50~56

0956 有关《清太祖实录》的几个问题/敖拉//满语研究.—2008,（2）.—65~68

0957 《顾太清词新释辑评》辨正/胥洪泉//满族研究.—2009,（4）.—114~120

0958 《皇清职贡图》及其研究/佟颖//满语研究.—2009,（1）.—53~57

0959 《皇舆全览图》各版本对比研究/赵寰熹//满族研究.—2009,（4）.—56~60

0960 《重刻清文虚字指南编》研究/王敌非//满语研究.—2009,（1）.—44~52

0961 慈禧太后家世新证——《德贺讷世管佐领接袭家谱》研究/刘庆华//满族研究.—2009,（2）.—54~60

0962 康熙《大清一统志·黑龙江图》考释/罗盛吉,吴雪娟//满语研究.—2009,（1）.—63~68

0963 清代满汉合璧字辞书及其作用探析/赵令志//满语研究.—2009,（2）.—65~70

0964 沈阳故宫满汉文档案综析/郭美兰//满语研究.—2009,（2）.—59~64

0965 咸丰九年三姓八旗人丁户口册（一）/扎昆//满语研究.—2009,（1）.—69~78

0966 《四库全书》的满族史学研究/刘喜强//兰州大学.—2010.4.1

0967 《闲窗录梦》作者考/关康//满语研究.—2010,（1）.—72~80

0968 论清代满蒙语文教科书——《阿拉篇》春花//满语研究.—2010,（1）.—64~71

0969 满汉合璧《射的说》研究/吕欧,宋冰//满语研究.—2010,（2）.—72~78

0970 满文档案与黑龙江历史文化研究/吴雪娟//求是学刊.—2010,（2）.—138~144

0971 满译藏传《般若波罗蜜多心经》研究/王敌非//黑河学院学报.—2010,

(4).—111~114

0972 明万历己未年满蒙盟誓文献比较研究/敖拉//满语研究.—2010,(2).—59~66

0973 清代满文读本会话类文献研究/王敌非//满语研究.—2010,(1).—55~63

0974 清代新疆历史满文档案概述/吴元丰//满语研究.—2010,(2).—51~58

0975 清代新疆历史满文档案概述/吴元丰//西域研究.—2010,(3).—81~87+137~138

0976 清刻本《满洲四礼集》考略/刘志军//满族研究.—2010,(2).—32~34

0977 咸丰九年三姓八旗人丁户口册(二)/程大鲲//满语研究.—2010,(2).—79~88

0978 一件关于北京城的满文档案/季永海//满语研究.—2010,(1).—52~54

0979 中国流失海外的满文档案文献及其追索/赵彦昌,王红娟//山西档案.—2010,(6).—38~42

0980 论满文档案的价值/赵彦昌//青海民族大学学报(教育科学版).—2011,(3).—134~138

0981 清代满蒙联姻大潮中的暗流——土默特和硕额驸纳逊特古斯谋害格格案分析/乌兰其木格//内蒙古师范大学学报(哲学社会科学版).—2011,(3).—97~104

0982 《满文老档》文学解读/王硕//中央民族大学.—2012.2.1

0983 《满洲实录》成书考/杨勇军//清史研究.—2012,(2).—99~111

0984 关于满文档案与清史研究的几点认识/杨珍//故宫学刊.—2012,(1).—204~219

0985 关于乾隆朝内府抄本《理藩院则例》赵云田//清史研究.—2012,(4).—89~90

0986 近代以来满文档案编译研究/赵彦昌,黄娜//满族研究.—2012,(2).—72~77

0987 辽宁省满文古籍的现状及分类探讨/王波//中央民族大学学报(哲学

社会科学版).—2012,(2).—106~108

0988 论《老乞大》的满译本/王敌非//满语研究.—2012,(2).—65~69

0989 论满文档案编纂的历史沿革/赵彦昌,黄娜//东北史地.—2012,(5).—68~76

0990 论满文档册及其史学功能/鲍虎欣//河南工程学院学报(社会科学版).—2012,(4).—67~69

0991 论雍正朝满文朱批奏折的政治功能/衣长春,郑硕//满学论丛[第三辑]:辽宁民族出版社.—2012.—360~370

0992 满文《月折包》有关朝清关系史料及其价值——试论朝清关系史研究中满文史料的重要性/尹煜//满学论丛[第三辑]:辽宁民族出版社.—2012.—384~402

0993 满文档案编纂工作研究/黄娜//辽宁大学.—2012.4.1

0994 满译藏传《净口业真言》版本考/王敌非//伊犁师范学院学报(社会科学版).—2012,(3).—104~106

0995 满译藏传《往生咒》考释/王敌非//满族研究.—2012,(1).—99~102

0996 乾隆朝满文寄信档及其特点/李刚//满语研究.—2012,(2).—58~64

0997 乾隆朝绥远城设立八旗官学满文档案/郭美兰//历史档案.—2012,(2).—46~51

0998 清代抄本《石头记》和《姑妄言》流失俄罗斯——李福清院士的重要发现/李明滨//国际汉学.—2012,(2).—473~480

0999 清代鄂温克族满文人口档案研究/魏巧燕//黑龙江大学.—2012.3.20

1000 清代宫廷萨满祭祀礼仪文献研究/马颖//东北师范大学.—2012.5.1

1001 清代满族流人英和《卜魁集》的史料价值/孟庆阳//兰台世界.—2012,(33).—7~8

1002 清代乾嘉时期满文档案的记载规范及其变化——以有关西藏事务的档案为例/村上信明//满学论丛[第三辑]:辽宁民族出版社.—2012.12.—371~383

1003 清代绥远城将军满文奏折综述/斯钦布和//群文天地.—2012,(9).—130~131

1004 清代新疆货币档案（上）/丁进军//历史档案.—2012,（1）.—8～34

1005 清代著名的满汉双语教材《清文指要》（百章）及其价值/刘曼,张美兰//海外华文教育.—2012,（1）.—89～93

1006 清太祖朝臣工起誓档的初步研究/N.哈斯巴根//满学论丛[第三辑]：辽宁民族出版社.—2012.—346～359

1007 试论散存于民间的满文档案文献的抢救和保护/张惠萍//档案管理.—2012,（1）.—17～19

1008 我国现有满文档案利用研究综述/白丽//兰台世界.—2012,（8）.—35～36

1009 岫岩满族咸丰初年历史研究——简析岫岩满族咸丰五年《清文启蒙》书/寇德峻,白凤羽//满族研究.—2012,（1）.—109～111

1010 再论《满蒙藏嘉戎维五体字书》/晓春,春花//满学论丛[第三辑]：辽宁民族出版社.—2012.—287～313

1011 中国小说的满文译本与朝鲜文谚解本比较/崔溶澈//满学论丛[第三辑]：辽宁民族出版社.—2012.12.—72～82

1012 《御制增订清文鉴》刻本初探/李雄飞//满语研究.—2013,（1）.—37～43

1013 彩绘本满汉文《甘肃地图》考/卢雪燕//故宫学刊.—2013,（2）.—440～457

1014 国博往事（二）太和门内所存满、蒙、藏经版归属/李守义//文史知识.—2013,（5）.—103～106

1015 和素与满文译本《金瓶梅序》/王汝梅//中国古代文学理论学会第十八届年会暨国际学术研讨会论文集.—2013.—642～645

1016 康熙谕土尔扈特阿玉奇汗满文敕书研究/阿拉腾奥其尔//西部蒙古论坛.—2013,（2）.—49～65+128

1017 满汉合璧《庸言知旨》作者宜兴小考/宋冰//满语研究.—2013,（2）.—44～47

1018 满文《夷使档》的价值/哈萨克拜·布音巴图//西部蒙古论坛.—2013,

（2）.—86~90

1019　满文文献和清史研究/乌云毕力格//中华读书报.—2013.8.7

1020　满文文献在清史研究中具有独特价值/雷家琼//中国社会科学报.—2013.7.17

1021　满文译本《金瓶梅》叙录（上篇）/王汝梅//现代语文（学术综合版）.—2013，（2）.—20~21

1022　清代和布克赛尔土尔扈特满文档案及其研究价值/吴元丰//西部蒙古论坛.—2013，（2）.—36~40+127~128

1023　清代土尔扈特蒙古回归后赴藏熬茶满文档案/郭美兰//历史档案.—2013，（4）.—4~25

1024　清宫中正殿念经处满文呈稿/赵郁楠//历史档案.—2013，（3）.—134~136

1025　书籍与蛮夷：《嬴虫录》的历史/何予明，時文甲//古典文献研究.—2013.—60~98

1026　文献足征：以康熙朝满文本《起居注册》为中心的比较研究/庄吉发//满语研究.—2013，（1）.—5~21

1027　中国满文文献保护现状研究/庄秀芬//理论界.—2013，（4）.—50~52

1028　中正殿念经处满文呈稿探析/赵郁楠//清宫史研究（第十一辑）——第十一届清宫史研讨会论文集：文化艺术出版社.—2013.—293~298

（二）文物考古

1029　万里城考/黎艳平//满语研究.—1986，（2）.—77+30

1030　盛京笃恭殿小考/李凤民//满族研究.—1987，（4）.—31~32

1031　清原封平逆将军多罗贝勒延信的墓地及其后裔/冯其利//满族研究.—1988，（1）.—59~61

1032　敦敏、敦诚墓地、后裔小考/冯其利//满族研究.—1989，（4）.—63~66

1033　易县神石庄的淳度亲王坟/冯其利//满族研究.—1990，（4）.—46

1034　满蒙关系新发展的里程碑——实胜寺/王佩环//满族研究.—1993，

（3）．—87～93

1035　也谈咸丰通宝背满汉文浙字小平钱/得斋，泉源//中国钱币．—1993，（3）．—63～64

1036　昭陵石坊建造年代纠误/陆海英//满族研究．—1993，（4）．—14～15

1037　努尔哈赤迁都探赜/王充闾//满族研究．—1994，（3）．—19～24

1038　清代国书与宝印/沈微//满语研究．—1994，（2）．—59～67

1039　清东京陵/李凤民//满族研究．—1994，（2）．—41～44

1040　辽阳《大金喇嘛法师宝记》碑文研究/李勤璞//满语研究．—1995，（2）．—96～105

1041　北宁的古迹遗存及现状/闫立新//满族研究．—1996，（4）．—47～50

1042　清代北京宗室王公府第全面考述/爱新觉罗恒顺//满族研究．—1998，（1）．—46～63

1043　关于康熙朝尼满家族四世诰封碑的考证/关嘉禄//满语研究．—2000，（2）．—47～51

1044　渌水亭址考/张一民//满族研究．—2000，（3）．—58～60

1045　关于大妃乌拉纳喇氏葬地问题/陆海英//满族研究．—2001，（3）．—36～40

1046　关于江宁将军额楚满文诰封碑/刘小萌//满语研究．—2001，（1）．—8～11+20

1047　青州旗城昭忠祠显忠碑文/李廷扬//满族研究．—2001，（3）．—45～46

1048　清代帝后印章与宫殿建筑/郭福祥//满族研究．—2001，（4）．—41～45

1049　清太祖努尔哈赤兴兵之地北砬背山城研究/赵维和//满族研究．—2001，（4）．—35～40

1050　镇江府青州驻防忠烈祠碑文/崔光笏//满族研究．—2001，（3）．—44～45

1051　辽代阜新佛教第一寺/暴风雨//满族研究．—2002，（3）．—67～68

1052　满族第一发祥地斡朵怜故城遗址的发现/实玮//学习与探索．—2002，（2）．—125～126

1053　谈满文天命汗钱/刘未//中国钱币．—2002，（4）．—34+82

1054 新出土的涂鲁希墓碑及其墓葬 / 佟俊岩, 刘静姝 // 满族研究.—2002, (4).—92~95

1055 关于金代完颜宗翰家族墓地的研究报告 / 王禹浪 // 满族研究.—2003, (1).—84~87

1056 溥仁寺碑文补正 / 布莉华 // 满族研究.—2003, (2).—91~93

1057 东北三省满文官印研究 / 郭孟秀 // 满语研究.—2004, (1).—35~40

1058 南北关史迹寻踪 / 赵东升 // 满族研究.—2004, (4).—39~43

1059 沈阳故宫藏乾隆款铜镜考 / 佟峻岩, 刘静姝 // 满族研究.—2004, (4).—83~87

1060 《平定准噶尔勒铭伊犁之碑》解说与补正 / 布莉华 // 满族研究.—2006, (2).—52~54

1061 长城要塞杀虎口满族驻军修复的明代乐楼 / 冯俊杰, 刘梅 // 戏剧（中央戏剧学院学报）.—2007, (3).—86~97

1062 乾隆皇帝御制"西番莲赋"刻石考 / 张汉杰 // 满族研究.—2007, (1).—90~93+104

1063 清朝前期关外三京的初步比较研究 / 王禹浪, 刘述昕 // 满族研究.—2008, (1).—41~46

1064 清初盛京地区额亦都家族茔地述略 / 刘冰 // 满族研究.—2008, (2).—38~43

1065 清代玺印满文篆字舛误研究 / 黄锡惠 // 满语研究.—2008, (2).—41~53

1066 沈阳故宫：满族文化精神之所在 / 李晓丽 // 多维视野下的清宫史研究——第十届清宫史学术研讨会论文集：现代出版社.—2013.1.—314~323

1067 寻根：沈阳故宫——清朝满族本源的象征 / 谢宗旭, 张翼 // 沈阳故宫博物院院刊.—2011.—447~464

1068 清代宫廷马装具考述 / 毛宪民 // 中国国家博物馆馆刊.—2012, (3).—64~83

1069 八角重檐大政殿 / 韩春艳 // 今日辽宁.—2013, (2).—68~71

1070 吉林赵氏家族始祖武木普满文墓碑考释 / 刘厚生 // 满语研究.—2013,

(1).—44~45

1071　锦绣华丽的民族符号 沈阳故宫博物院藏坎肩赏析/傅博//收藏.—2013,(21).—102~110

1072　清代规模最大的王爷园寝——怡亲王允祥园寝考/耿左车//清宫史研究（第十一辑）——第十一届清宫史研讨会论文集：文化艺术出版社.—2013.12.—490~498

(三)研究、考订

1073　略论满族汉化及其对清初的影响/李景屏//史学月刊.—1986,(4).—35~39

1074　阿林保与《夜谭随录》韩锡铎,黄岩柏//满族研究.—1987,(1).—61~64

1075　和琳与《芸香堂诗集》柏舟//满族研究.—1987,(2).—45~49

1076　沈阳清故宫帝王遗迹与《诗》、《书》二经/张汉洁//满族研究.—1987,(4).—47~48

1077　铁保与《惟清斋全集》张佳生//满族研究.—1987,(3).—38~44

1078　关常兴与城步满族及其他/段志强//民族论坛.—1991,(4).—89~90

1079　清代东北围场论略/刁书仁//满族研究.—1991,(4).—36~40

1080　从数目名字的演变看清代满族的汉化/庄吉发//北京国际满学研讨会论文集：民族出版社.—1992.—169~201

1081　从族谱资料看满族汉化/陈捷先//北京国际满学研讨会论文集：民族出版社.—1992.—159~169

1082　《福陵觉尔察氏谱书》探微/赵维和,吕霁虹//满族研究.—1993,(3).—38~41

1083　乾隆朝满族新贵傅恒升迁原因探析/赵秉忠//北方论丛.—1995,(3).—94~97

1084　清末奉天八旗女工传习所兴办始末及其评价/张虹//满族研究.—1996,(2).—36~39

1085 1616年上尊号后努尔哈赤政权名称考辨/高庆仁//满族研究.—1997,（1）.—30～40

1086 老满文改革时间考/关克笑//满语研究.—1997,（2）.—12～17

1087 清代朝鲜族旗人文氏族谱浅析/文钟哲//满族研究.—1997,（2）.—56～59

1088 从《满文老档》用字看满族汉化/陈捷先//第二届国际满学研讨会论文集（下）：民族出版社.—1999.—262～274

1089 满族围场的由来及其历史作用/李景瑞,铁男//满族研究.—1999,（2）.—58～62

1090 也谈满族汉化/郭成康//清史研究.—2000,（2）.—24～35

1091 长白山与太伯山考论/张碧波//满语研究.—2002,（2）.—55～62

1092 关东文化的象征——梣矢石砮/施立学//满语研究.—2002,（1）.—73～74

1093 清陵寝员役制度初探/白洪希//满族研究.—2003,（2）.—79～83

1094 满文本清太祖努尔哈赤《圣训》的考证及历史价值初探/斯达理,严明//满语研究.—2004,（1）.—69～74

1095 试论清兵入关对黑龙江地区各民族的影响/周喜峰//黑龙江民族丛刊.—2005,（2）.—68～72

1096 寻京旗遗物遗风——五常满族村探访/王晶//学理论.—2005,（9）.—61～62

1097 《红楼梦》中满族统治者掠夺奴隶的种种途径/夏桂霞,夏航//湖北民族学院学报（哲学社会科学版）.—2006,（2）.—76～81

1098 老满文改革的初始时间/张虹//满语研究.—2006,（2）.—28～31

1099 清末呼伦贝尔五翼总管旗历史问题研究/阿珞贵·萨如拉//内蒙古师范大学.—2006.6.15

1100 满族汉化与中华民族多元一体格局的形成/姜小莉//大连民族学院学报.—2007,（4）.—12～13+28

1101 东北地区满族族谱的收集整理及其史料价值/于鹏翔,许淑杰//满族研

究.—2008,(2).—77~82

1102 谈东北移民中的文化变迁所导致的满民族最终汉化/关学智//沈阳工程学院学报(社会科学版).—2008,(3).—388~390

1103 时至乾隆朝的满族汉化进程/胡雪艳//呼伦贝尔学院学报.—2009,(5).—42~45

1104 雍正增设天津、宁夏、青州满洲驻防主因为解决京师满洲闲散余丁生计考/李阳光//内蒙古师范大学学报(哲学社会科学版).—2009,(3).—84~85

1105 雍正时期直隶天津满洲水师营都统觉罗伊礼布离职日期考/李阳光//广播电视大学学报(哲学社会科学版).—2010,(2).—76~77+82

1106 公主格格下嫁外藩蒙古随行人员试析/祁美琴//满族研究.—2011,(1).—28~33

1107 满族石姓家族壬辰龙年办谱烧香活动的观察与思考/于洋//满族研究.—2012,(4).—57~63

1108 浅论满族"索罗条子"的谱牒文化意义/周伟,孙明//兰台世界.—2012,(24).—84

1109 清入关前盟誓问题研究/郑微//黑龙江大学.—2012,(10).—71

1110 述论清入关前"盟誓"/李兴华//满族研究.—2012,(1).—58~63

1111 论满族"口传"与"结绳"谱牒的文化特征/孙明//兰台世界.—2013,(21).—142~143

1112 满族老姓汉化考/李学成,王雁//满族研究.—2013,(4).—107~112

六、文学

(一)理论综述

1113 论清代满族作家在中国小说史上的贡献/张菊玲//民族文学研究.—1983,(创刊号).—53~62+52

1114 满族文学初探/肖韦//社会科学辑刊.—1983,(1).—135~141

1115 清代满族作家文学创作简论/张菊玲//天津师大学报.—1983,(4).—57~63

1116 满族文学再探/赵志辉//辽宁大学学报(哲学社会科学版).—1984,(6).—58~62

1117 丰富多彩的满族文学/赵志辉//民族文学研究.—1985,(1).—50~60

1118 论顾太清诗词的思想内容/魏鉴勋//满族研究.—1985,(2).—38~44

1119 论满族与满族文学/赵志辉//延边大学学报(社会科学版).—1985,(3).—46~55

1120 满族文学研究漫笔/关纪新//满族研究.—1985,(1).—67~70

1121 再谈老舍先生和满族文学/舒乙//满族研究.—1985,(1).—62~67

1122 满族文学/夏石//满族研究.—1986,(3).—85~93

1123 纳兰词及其美学价值/王杰//满族研究.—1986,(2).—53~57

1124 清代的满族小说理论/马清福//社会科学辑刊.—1986,(1).—78~83

1125 当代满族文学漫议/王科//锦州师院学报(哲学社会科学版).—1988,(3).—68~73

1126 常安的文艺理论/马清福//满族研究.—1989,(3).—69~73

1127 论清代满族作家文学的发展趋势和特点/张佳生//民族文学研究.—1991,(3).—31~36+30

1128 满族文学研究的回顾/邓伟//满族研究.—1991,(4).—41~46+35

1129 论满族文学兴起的历史背景/滕绍箴//中央民族学院学报.—1992,(1).—62~66

1130 满族文学与满族文化/宿雨//读书.—1992,(8).—35~41

1131　满族文学纵论/赵志辉//满学研究（第一辑）：吉林文史出版社．—1992．—209～228

1132　满族作家老舍文学创作民族化简论/王冠英//中央民族学院学报．—1992，（3）．—66～69

1133　满族神话的民族特点/罗绮//满族研究．—1993，（1）．—76～85

1134　满族文学分期问题/赵志忠//黑龙江民族丛刊．—1993，（3）．—118～122

1135　当代满族作家的民族意识及在创作中的表现/王春容//满族研究．—1994，（1）．—78～83

1136　顺治时期满族文学发展的背景与条件/夏石//满族研究．—1994，（4）．—52～56

1137　八旗入关对满族作家文学发展的影响/张佳生//民族文学研究．—1995，（2）．—51～56+69

1138　康熙朝满族文学兴盛的原因/张佳生//满族研究．—1995，（1）．—52～57

1139　雍正朝满族文学及其发展环境/张佳生//满族研究．—1995，（2）．—71～76

1140　论八旗文学之分期/张佳生//满族研究．—1996，（2）．—42～55

1141　满族文学概说/李弘光//吉林师范学院学报．—1996，（4）．—44～46

1142　漫议反映清代历史的文学应创新/刘恩铭//满族研究．—1997，（4）．—77～80+85

1143　《儿女英雄传》的创作意图与民族意识/单彤//满族研究．—1999，（3）．—65～72

1144　当代满族文学简述/路地//丹东师专学报．—2002，（1）．—4～6+3

1145　清代满族文学理论批评述略（一）/王佑夫//昌吉学院学报．—2002，（4）．—1～4+8

1146　中国满族文学研究百年/张佳生//民族文学研究．—2002，（1）．—75～80

1147　傅惜华先生的俗文学研究/关家铮//满族研究．—2003，（3）．—50～58

1148　老舍与满族文学/杨春//黑龙江民族丛刊．—2003，（4）．—115～119

1149　清代满族文学理论批评述略（二）/王佑夫//昌吉学院学报．—2003，

(1).—1~7

1150 罗常培先生与俗文学研究/关家铮//满族研究.—2004,(2).—51~55

1151 论端木蕻良抗战小说的萨满教文化因子——从长篇小说《大江》、《大地的海》谈起/阎秋红//满族研究.—2005,(3).—106~110

1152 论清代满族文人文学与民间文学的分野/王卓//社会科学战线.—2005,(3).—124~128

1153 民族情结与国家关怀——满族学者关纪新与他的满族文学研究/刘大先//内蒙古大学艺术学院学报.—2005,(4).—102~106

1154 论清代满族文学中的爱国主义精神/王柏青//满族研究.—2006,(4).—91~97

1155 满族作家马加及其小说中的民族气息/吴刚//满族研究.—2007,(2).—112~116

1156 清代满族文学与"京腔京韵"/关纪新//黑龙江民族丛刊.—2007,(6).—169~175

1157 田野调查视野中的满族说部/王宏刚//社会科学战线.—2007,(5).—117~121

1158 清初两大满族诗人的人生际遇和作品所呈现的美学风貌——纳兰性德与爱新觉罗·岳端之比较/李晓明//理论月刊.—2008,(3).—128~131

1159 20世纪中国小说中的满族书写/张鹏辉//湖南大学.—2008.4.27

1160 论迟子建小说中满—通古斯语族的萨满招魂母题/刘春玲//大连民族学院学报.—2009,(2).—106~108+120

1161 潜入民族文化深水区,探究文学多样性——从关纪新《老舍与满族文化》谈少数民族文学研究问题/黄伟林//中国现代文学研究丛刊.—2009,(3).—195~200

1162 迟子建小说中满—通古斯语族萨满超自然行为的解读/刘春玲,隋琳//大连大学学报.—2010,(2).—52~55

1163 从文化变迁看二十世纪满族文学发展的两种路向——以老舍和端木蕻良的创作为中心/闫秋红//中央民族大学学报(哲学社会科学版).—2010,(1).—

96～101

1164　论清代北京满族女作家顾春的文学创作/吕菲//北京社会科学.—2010,(4).—62～67

1165　满族文学的流传/唐果//黑河学刊.—2010,(3).—50+121

1166　藉海扬帆——清代满族文学汉文书写之肇端/关纪新//北方民族大学学报(哲学社会科学版).—2011,(4).—77～84

1167　论满族婚俗的文学传播/程燚//沈阳师范大学学报(社会科学版).—2011,(3).—128～130

1168　满族说部与海洋文化/曹保明//吉林日报.—2011.8.25

1169　"十七年"满族作家文学梳理/关纪新//辽宁师范大学学报(社会科学版).—2012,(2).—221～227

1170　八旗制度的深刻反思——老舍《正红旗下》主题解读/吴道毅//现代中国文化与文学.—2012,(1).—165～170

1171　当代满族文学的"族性"叙说/关纪新//民族文学研究.—2012,(2).—53～67

1172　个自我·汉族·中华——清代满人文学书写之管窥/关纪新//满学论丛[第三辑]:辽宁民族出版社.—2012.12.—83～89

1173　满族母语文学之检讨/关纪新//西南民族大学学报(人文社会科学版).—2012,(6).—167～173

1174　满族书面文学谫议/关纪新//社会科学战线.—2012,(8).—148～152

1175　民族文化在文学翻译中的体现——以满译《诗经·关雎》为例/王敌非//黑龙江民族丛刊.—2012,(4).—147～151

1176　清代满族礼俗的文学传播研究/程燚//沈阳师范大学.—2012,(1).—46

1177　试论《八旗文经》的文学价值/韩丽霞//兰台世界.—2012,(12).—6～7

1178　试析二十世纪"京津"与"东北"满族文学差异——以老舍与端木蕻良笔下女性形象为中心"/王子龙//呼伦贝尔学院学报.—2012,(4).—54～56

1179　"窝车库乌勒本"与满族文化关系研究/高荷红//满族研究.—2013,(3).—93～100

1180　当代辽宁满族儿童文学略论/张锦贻//昆明学院学报.—2013,(5).—1~5

1181　互文性视域下清代满族、蒙古族作家对《红楼梦》的仿作——以《儿女英雄传》和《一层楼》、《泣红亭》为例/刘冬梅//满族研究.—2013,(3).—107~113

1182　满族文学源流及其发展/赵志忠//满族研究.—2013,(2).—91~97

1183　满族文学作品中"石"、"柳"意象初探/穆丽//现代妇女(下旬).—2013,(2).—140~141

1184　满族艺术中山之自然美解读/阎丽杰//满族研究.—2013,(3).—119~123

1185　清代满族皇室对古典文学的学习与实践/徐潇雨//沈阳师范大学学报(社会科学版).—2013,(4).—183~185

1186　文化转型中满族文学的情感轨迹/阎丽杰,左宏阁//北方民族大学学报.—2013,(6).—87~89

1187　在传统叙事中彰显民族特质——对孙春平小说满族元素的文化考察/郑丽娜//民族文学研究.—2013,(1).—163~168

1188　中国多民族文学的共同发展:满族视角/关纪新//中外文化与文论.—2013,(2).—33~36

(二)小说、诗歌、散文、剧本

1189　略论清代满族作家的诗词创作/张菊玲,关纪新,李红雨//中央民族学院学报.—1985,(1).—83~88+74

1190　满文诗《盛京赋·颂词》的艺术特色/金焘方//满族研究.—1985,(1).—71~75+41

1191　清代第一词人和他的诗——纪念满族文学家纳兰性德逝世三百周年/邓伟//满族研究.—1985,(1).—48~54

1192　阿克敦的《边塞诗》/金焘方//满族研究.—1986,(1).—38~42

1193　多隆阿的《毛诗多识》/马清福//满族研究.—1986,(2).—62~63

1194　试论敦诚的散文/夏人//满族研究.—1986,(2).—58~61

六、文学

1195 哀时无地费仙才——谈郑文焯词的思想内容/浣花//满族研究.—1987,(4).—49～56

1196 纳兰性德诗赋论二评/张佳生//满族研究.—1987,(1).—56～60

1197 毓俊诗歌思想性再论/邓伟//满族研究.—1987,(3).—45～52

1198 八旗诗论五评/张佳生//满族研究.—1988,(1).—7～14

1199 风流文采自一家——谈郑文焯词的艺术特色/李德//满族研究.—1988,(1).—25～34

1200 觉罗廷奭与《未弱冠集》邓伟//满族研究.—1988,(4).—28～35

1201 音德讷《锄月山房吟草》董文成//满族研究.—1988,(2).—64～65

1202 阿克敦《奉使西域集》论略/星汉//满族研究.—1989,(4).—57～62

1203 论清初满族词坛/张佳生//民族文学研究.—1989,(6).—48～54

1204 袁枚与八旗诗人——兼谈满汉诗歌的关系/张佳生//满族研究.—1989,(4).—47～56

1205 爱新觉罗·玄烨的诗文理论/马清福//满族研究.—1990,(2).—38～45

1206 恩锡及其诗词/邓伟//满族研究.—1990,(2).—30～37

1207 顾太清及其词作的审美特色/董淑瑞//满族研究.—1990,(2).—62～66

1208 论乾隆皇帝的诗歌/魏鉴勋//满族研究.—1990,(4).—23～33

1209 清初满族词坛形成的原因和条件/夏石//满族研究.—1990,(4).—16～22

1210 岳端及其诗歌/夏石//满族研究.—1990,(1).—55～69

1211 纳兰性德著作考（续）赵秀亭//满族研究.—1991,(4).—47～54

1212 清初满族词人及成就/张佳生//满族研究.—1991,(3).—46～55+21

1213 清代中叶满族词坛兴盛之原因/张佳生//中央民族学院学报.—1991,(6).—80～85

1214 一份珍贵的满文诗稿/奇车山//满族研究.—1991,(2).—63～67

1215 奕绘诗词略论/公望//满族研究.—1992,(4).—45～53

1216 满族小说产生于清代中期的原因/张佳生//满族研究.—1993,(1).—57～64

1217 《儿女英雄传》及其影视/李德//满族研究.—1994,(4).—70~77

1218 满族散文的民族特点/张佳生//黑龙江民族丛刊.—1994,(3).—117~120

1219 清代满族诗学的基本特征/王佑夫//民族文学研究.—1994,(2).—3~10

1220 清代满族诗学的主要贡献/王佑夫//中南民族学院学报(哲学社会科学版).—1994,(3).—94~97

1221 清代满族诗学发展概观/王佑夫//新疆师范大学学报(哲学社会科学版).—1994,(1).—2~9

1222 满族诗人宝珣及《味经书屋诗存》项小玲//满族研究.—1995,(1).—58~65

1223 老舍与他笔下的满族人物/舒云//民族团结.—1997,(12).—42~43

1224 论《夜谭随录》张佳讯//满族研究.—1997,(4).—70~76

1225 清代满族两大词人——读词随笔/胡昭//满族研究.—1997,(1).—50~52

1226 清代满族宗室诗坛的发展与成就/鲁渝生//满族研究.—1997,(2).—60~72

1227 善耆与《肃忠亲王遗集》项小玲//满族研究.—1997,(1).—59~62

1228 高其佩的书法/李德//满族研究.—1999,(1).—84

1229 辽代诗文用韵考/聂鸿音//满语研究.—1999,(2).—108~115

1230 满族、满文诗歌及其格律/富丽//第二届国际满学研讨会论文集(下):民族出版社.—1999.—204~227

1231 萨满神话类型与原始思维特色/蒋理//满语研究.—1999,(2).—125

1232 百创情不已 忘死向前去——评田贲的诗歌创作/白长青//满族研究.—2000,(2).—74~78

1233 承龄诗歌的悲剧意识浅析/王冬梅//满族研究.—2000,(1).—61~63

1234 论清人杨宾《叶赫行》诗的史料价值/薛柏成//满族研究.—2000,(2).—40~43

1235　文康小说中的旗文化——晚清小说文化探析/荆学义//天津大学学报（社会科学版）.—2000,（2）.—94～97

1236　"守旧"的智慧和勇气——论孙春平及其小说/李万武//满族研究.—2002,（1）.—76～81

1237　论清代满族女作家太清词之"气格"/薛海燕//青岛海洋大学学报（社会科学版）.—2002,（1）.—79～83

1238　眷恋中的突围——评满族作家叶广芩的家族系列小说/吴健玲//广西民族学院学报（哲学社会科学版）.—2003,（6）.—134～137

1239　论《儿女英雄传》中的满族女性观/李婷//满族研究.—2003,（2）.—72～78

1240　论《儿女英雄传》中十三妹形象嬗变的合理性/张晶晶//满族研究.—2004,（2）.—36～43

1241　论雍正诗歌中的重农思想/佟春林//满族研究.—2004,（2）.—32～35

1242　严迪昌教授清代八旗诗词史研究述评/李圣华//满族研究.—2004,（3）.—59～63

1243　满族词人纳兰性德词学思想研究/张世斌//江淮论坛.—2005,（2）.—171～173+85

1244　清朝满汉双语民间叙事诗探析/马丁·稽穆，贵琳//满语研究.—2005,（2）.—81～86

1245　新发现札克丹满汉混合诗歌二首/卓鸿泽//满语研究.—2005,（1）.—131～137

1246　艰难掘进的女性主体性建构——从三部满族女作家的家族史小说谈起/潘超青//民族文学研究.—2007,（1）.—73～78

1247　近世广东词人与旗人词人词学交游考论/谢永芳//广东工业大学学报（社会科学版）.—2007,（3）.—42～44+47

1248　满汉融合与清初宗室诗歌/蒋亚//湖南师范大学.—2007.4.1

1249　清代成都竹枝词与成都满城/李益彬，黄平//内江师范学院学报.—2007,（3）.—43～45+88

1250　太清词的满汉文化研究 / 刘佳宁 // 西南大学 .—2007.4.28

1251　《老稼斋燕行日记》中的满族人形象——兼与其中的汉族人形象比较 / 刘广铭 // 延边大学学报（社会科学版）.—2008,（2）.—45~50

1252　金启孮先生与顾太清研究 / 金适, 凯和 // 满族研究 .—2008,（2）.—29~34

1253　略论满族诗人成多禄及其诗歌创作 / 张林 // 民族文学研究 .—2008,（4）.—58~60

1254　戏剧家族与家族的戏剧性解体——解读满族作家叶广芩的家族小说 / 李永东 // 民族文学研究 .—2008,（1）.—135~140

1255　观念的潜流——清末民初京旗小说与老舍 / 刘大先 // 满族研究 .—2009,（2）.—79~87

1256　论满族诗歌对长白山的歌颂 / 张佳生 // 黑龙江民族丛刊 .—2009,（5）.—80~87

1257　满族诗歌中的长白山 / 张佳生 // 民族文学研究 .—2009,（4）.—136~142

1258　满族著名诗人牟心海前期诗歌述评 / 王建中 // 满族研究 .—2009,（4）.—121~125

1259　多隆阿组诗初探 / 刘丽玲 // 满族研究 .—2010,（4）.—67~71

1260　顾太清和她的诗词 / 冯雁 // 满族研究 .—2010,（4）.—72~76

1261　回视与凝望：对于生命与灵魂的叩问——论满族作家朱春雨的长篇小说《血菩提》/ 李红雨 // 中央民族大学学报（哲学社会科学版）.—2010,（5）.—116~120

1262　论满族作家老舍笔下的旗人形象 / 何馨桐 // 大众文艺 .—2010,（11）.—151~152

1263　满族说部"活"起来 / 高菲 // 吉林日报 .—2010.7.21

1264　满族作家李惠文小说的结构技巧与人物塑造 / 范庆超 // 满语研究 .—2010,（2）.—89~93

1265　满族作家志锐《廊轩竹枝词》研究 / 韩丽霞 // 满族研究 .—2010,（1）.—84~91

1266　清代满族小说报恩母题与满汉文化交流/王立,纪芳//民族文学研究.—2010,(1).—80~84

1267　佟佳氏与《虚窗雅课》莫立民//满族研究.—2010,(4).—77~81

1268　论满族曲艺子弟书对传统叙事诗的充实与创新/张文恒//赤峰学院学报(汉文哲学社会科学版).—2011,(5).—109~113

1269　茫茫亭内茫茫吟——清初博尔都悼亡诗艺术浅析/周芳//满族研究.—2011,(1).—84~88

1270　清代满族词研究的重要贡献——评胥洪泉教授《顾太清词校笺》韩云波,宋文婕//西南大学学报(社会科学版).—2011,(4).—220~221

1271　论满文译本《三国演义》在新疆锡伯族民间的流传及其影响/贺元秀,曹晓丽//伊犁师范学院学报(社会科学版).—2012,(4).—57~59

1272　满汉文化交融与《儿女英雄传》艺术风貌研究/刘健翠//安庆师范学院.—2012,(4).—45

1273　满族作家蔡友梅的京味小说与相声艺术/闫秋红//满语研究.—2012,(1).—87~91

1274　清代满族宗室文人塞尔赫生平及诗歌研究述评/多洛肯,刘美霞//沈阳师范大学学报(社会科学版).—2012,(4).—13~16

1275　清代前期满族作家诗文创作述略/刘美霞//金田(励志).—2012,(7).—118

1276　探析清代满族女词人顾太清的词/应紫//大理学院学报.—2012,(5).—22~25

1277　"便击筑悲歌;谁与衔杯?"——清代晚期的满族诗词书写/关纪新//兰州大学学报(社会科学版).—2013,(1).—46~50

1278　《满汉西厢记》与《精译六才子词》比较研究/季永海//满语研究.—2013,(1).—31~36

1279　论满族词家唐圭璋的《梦桐词》胡海义,徐玉玲//满族研究.—2013,(2).—98~104

1280　清代满族文言小说家及其小说创作研究/张宁//南开大学.—2013,

(7).—327

1281 清后期满族文学家族及其诗文创作初探/多洛肯,吴伟//满语研究.—2013,(1).—112~120

1282 诗艺冠群彦 老笔见精神——试谈晚清满族诗人成多禄的祝寿诗和自寿诗/张林//文艺争鸣.—2013,(12).—183~187

(三)神话、传说、故事、歌谣

1283 满族起源神话故事中的重复现象/斯蒂芬·杜兰特,胡冬朵//民族译丛.—1982,(6).—45~49

1284 口头作品中的汗王形象与满族民间文学/彭勃//社会科学辑刊.—1983,(1).—142~146

1285 论满族民间文学的民族特色/唐呐//辽宁大学学报(哲学社会科学版).—1983,(2).—87~92

1286 满族民间传说《尼山萨满》浅说/宋和平//民族文学研究.—1985,(3).—123~130

1287 满族民间传说中的一颗明珠——论《黑妃》宋德胤//延边大学学报(社会科学版).—1985,(3).—56~65

1288 满族萨满教女神神话初析/富育光,于又燕//社会科学战线.—1985,(4).—193~200

1289 满族神话探索——天地层·地震鱼·世界树/乌丙安//满族研究.—1985,(1).—42~47+36

1290 蛤蟆孩儿故事初探/江林//满族研究.—1986,(1).—54~59

1291 论满族民间文学的传承方式/富育光,王宏刚//民族文学研究.—1986,(5).—19~24+33

1292 满族歌谣论/宋德胤//民族文学研究.—1986,(1).—61~68

1293 满族部落时代故事论/孟慧英//满族研究.—1987,(1).—47~55

1294 满族洪水神话属性异同论/刘永江//求是学刊.—1987,(4).—64~67

1295 满族经济类民间故事特点及意义/孟慧英//社会科学辑刊.—1987,

（1）.—87～92

1296　满族始祖神话《三仙女》研究中的几个问题/程迅//黑龙江民族丛刊.—1987,（3）.—82～87

1297　傅惜华对"子弟书"的收藏和研究/傅耕野//满族研究.—1988,（1）.—35～39

1298　满族民间文学面面观/孟慧英//满族研究.—1988,（4）.—40～45

1299　满族谚语概谈/贺灵//满族研究.—1988,（4）.—78～80

1300　锡伯族《萨满歌》与满族《尼山萨满》贺灵//民族文学研究.—1988,（4）.—43～46

1301　巴图在动乱之地遇到了阿伦（故事）/高岩//满语研究.—1989,（1）.—138～143

1302　满族说唱文学《尼山萨满》考/宋和平//民族文学研究.—1989,（5）.—47～51

1303　从传承方式表现内容看满族神话的民族特色——与华夏神话比较/禹宏//民族文学研究.—1990,（2）.—80～84

1304　得勒气老人的传说/尤金良//满语研究.—1990,（2）.—127～130+61

1305　满族口头文学传承的特点、形式及意义/傅英仁//满族研究.—1990,（2）.—19～23

1306　满族民间文学的萨满教传承/孟慧英//满族研究.—1990,（2）.—24～29+56

1307　满族谚语/佟玉泉//满族研究.—1991,（2）.—48～52

1308　浅谈满族歌谣的民族风格及艺术特色/文钟哲//满族研究.—1991,（2）.—72～75

1309　殷商与满族始祖神话同源考/苑利//民族文学研究.—1991,（4）.—34～40

1310　朝鲜族和满族的始祖传说的比较/崔羲秀,紫荆//延边大学学报（哲学社会科学版）.—1992,（1）.—38～42

1311　论满族三仙女神话的形成与价值/董万崙//民族研究.—1992,（3）.—

32～39

1312 满族谜语琐谈/海若//满族研究.—1992,(4).—67～72

1313 满族民间故事的区域性特征——承德与东北满族故事比较/朱彦华//满族研究.—1992,(4).—60～66

1314 满族谚语纵横谈/谭阔//满族研究.—1992,(3).—58～63

1315 浅谈罕王辽阳遇难传说的流变/么素芬//满族研究.—1992,(2).—44～51

1316 《尼山萨满》与萨满教/赵志忠,姜丽萍//满族研究.—1993,(3).—47～51

1317 《尸语故事》在满族中的流传/季永海//民族文学研究.—1993,(4).—15～23

1318 北镇满族歌谣浅析/刘文海,刘金环//满族研究.—1993,(4).—58～60

1319 论清代满族人物传说/白虹//满族研究.—1993,(3).—75～84

1320 满族民间故事纵横谈/白萍//满族研究.—1993,(2).—70～79

1321 一部满族文学故事的背景——《尼山萨满传》李学智,黄明//满族研究.—1993,(3).—42～46

1322 从满族民间文学作品中的女性形象看满族人民的妇女观/文钟哲//满族研究.—1994,(3).—65～68

1323 满族谜语浅谈/吴雪娟//满语研究.—1994,(1).—56～62

1324 民族的心灵风景——满族神话、史诗、长篇英雄传说鸟瞰/王宏刚//民族文学研究.—1994,(3).—70～75+90

1325 女真原始神话形象的古老文化蕴意/黄任远//满族研究.—1994,(3).—61～64

1326 满族歌谣《笊篱姑姑》的民俗文化认识价值/郭崇林//民族文学研究.—1995,(4).—31～35

1327 满族民间说唱《空古鲁哈哈济》赵志忠//满语研究.—1997,(1).—105～109

1328 满族民间说唱《空古鲁哈哈济》浅析/赵志忠//民族文学研究.—1997,

（2）.—50～52+64

1329　满族民间说唱《空古鲁哈哈济》浅析/赵志忠//满族研究.—1997,（1）.—66～69

1330　满族民间文学的产生与发展/李德//满族研究.—1997,（3）.—81～85

1331　《尼山萨满》与满族灵魂观念/宋和平//黑龙江民族丛刊.—1998,（1）.—76～80

1332　《尼山萨满传》与满族民间文学/庄吉发//民族文学研究.—1998,（1）.—3～8

1333　朝鲜族与满族始祖传说、神话之比较/崔羲秀,王化文//延边大学学报（哲学社会科学版）.—1998,（2）

1334　满族《三仙女神话》探微/宋承绪//满学研究（第四辑）:民族出版社.—1998.12.—211～229

1335　萨满教与萨满神话中的火神及盗火英雄/孟慧英//满族研究.—1998,（1）.—77～81

1336　通古斯—满语族起源神话比较/黄任远//满语研究.—1998,（2）.—126～139

1337　《尼山萨满》浅析/德野伊勒,佟鸿举//满族研究.—1999,（1）.—85～94

1338　北方"天空大战"神话的时空哲学——满族创世神话原型解读/王会莹//黑龙江民族丛刊.—1999,（4）.—109～111+128

1339　论满族神话中数字"三"的含义/朝格查//满语研究.—1999,（2）.—44～48

1340　满—通古斯语族与汉族部落征战神话比较（上）/杨治经//满语研究.—1999,（1）.—120～129

1341　满—通古斯语族与汉族部落征战神话比较（下）/杨治经//满语研究.—1999,（2）.—119～125

1342　满族传统说部艺术——"乌勒本"研考/富育光//民族文学研究.—1999,（3）.—3～9

1343　满族神话及其发展/稻叶岩吉,乌日古木勒,陈岗龙//民族艺术.—

1999,(2).—154~160

1344 通古斯—满语族英雄神话比较/黄任远//满语研究.—2000,(1).—118~131

1345 殷商、高句丽、满族"三仙女"族源神话的比较研究/张碧波//满语研究.—2000,(1).—48~53

1346 流传在承德的满族歌谣/杨林勃//满族研究.—2001,(4).—79~85

1347 论满族诗人老许寓言诗的艺术特质/杨四平//民族文学研究.—2001,(2).—46~49

1348 满族萨满英雄史诗《乌布西奔妈妈》初探/郭淑云//黑龙江民族丛刊.—2001,(1).—103~106

1349 八旗子弟书的内容与成就/张迪//满族研究.—2003,(1).—42~48

1350 关东冰雪与满族神话/于济源//学问.—2003,(12).—13~15

1351 话说满族风俗谣（二）/施立学//学问.—2003,(4).—8~9

1352 话说满族风俗谣（一）/施立学//学问.—2003,(3).—6~7

1353 图们江沿岸朝鲜民族传说中的满族形象/金宽雄,全华民//东疆学刊.—2003,(1).—14~21+3

1354 东北大母神原型与满族民间故事/梦月//吉林日报.—2004.9.30

1355 广州世居满族的民间口承文学探析/关溪莹//民间文化论坛.—2004,(6).—23~26

1356 罕王的神话传说与满族的风俗/刘明//兰台内外.—2004,(6).—60~61

1357 满族祭祀神歌读本调查与比较研究/吴雪娟//中央民族大学学报.—2004,(5).—128~133

1358 满族民间叙事中的生态思维与哲学意蕴——满族三老人故事解读/江帆//民族文学研究.—2004,(1).—78~82

1359 萨满文化与满族传统说部/荆文礼//萨满文化辩证——国际萨满学会第七次学术讨论会论文集：大众文艺出版社.—2004.—659~668

1360 萨满文化与满族传统说部/荆文礼//民间文化论坛.—2004,(5).—75~79

1361 "女爱男"神话原型的变体——满族民间故事的结构论研究/杨朴//吉林师范大学学报(人文社会科学版).—2005,(4).—10~13

1362 满族部分传统习俗来源的美丽传说/张桂荣//黑龙江日报.—2005.5.9

1363 满族神话中女神形象所呈现的美学价值/汪立珍//满族研究.—2005,(3).—94~98

1364 满族说部——民间文化"活化石"/孟凌云//吉林日报.—2005.7.27

1365 满族女神神话与满族母权社会/张雪飞//聊城大学学报(社会科学版).—2006,(6).—82~85

1366 满族说部:北方民族的史诗/宋莉//长春日报.—2006.3.14

1367 "满族说部"调查(一)/富育光//社会科学战线.—2007,(3).—108~122

1368 《红楼梦》中的太阳女神——贾元春浅谈满族神话对红楼梦的影响/张雪飞//聊城大学学报(社会科学版).—2007,(6).—59~61

1369 本溪满族歌谣探析/王丹霓//满语研究.—2007,(2).—116~120

1370 论满族萨满神话传说/王忠//长春大学学报.—2007,(11).—120~122

1371 满—通古斯诸民族与朝鲜民族民间叙事文学中神鹿的象征意蕴/车海锋//延边大学学报(社会科学版).—2007,(5).—70~76

1372 满族说部:到哪里去找"金子一样的嘴"/李晓林//中国文化报.—2007.5.9

1373 浅析满蒙谚语的内容和分类/高娃//内蒙古民族大学学报(社会科学版).—2007,(6).—27~31

1374 说说满族说部艺术/马铱潞//人民日报海外版.—2007.1.23

1375 写入正史的满族族源传说/鲁渝生//满族研究.—2007,(3).—7

1376 朝鲜与满族神话之比较——以朱蒙神话与布库里雍顺神话为中心/金艺铃//西南民族大学学报(人文社科版).—2008,(4).—149~155

1377 满族萨满神话解读/吕萍//民族文学研究.—2008,(3).—64~66

1378 满族说部《恩切布库》的文化解读/谷颖//满族研究.—2008,(3).—105~114

1379 满族说部的历史渊源与传承保护/周惠泉,孙黎//古典文学知识.—2008,(5).—59~68

1380 满族说部搜集史初探/高荷红//满语研究.—2008,(2).—126~137

1381 满族与蒙古族民间流传的"金马驹故事"之比较/铁木尔胡伊格//内蒙古师范大学学报(哲学社会科学版).—2008,(1).—24~26

1382 试论满族神话的原始思维及其特征/张雪飞//通化师范学院学报.—2008,(9).—78~79+82

1383 天神大战——蒙古族和满族天神神话比较研究/包哈斯//内蒙古民族大学学报(社会科学版).—2008,(1).—25~29

1384 "满族萨满神话":不是一个人的守望/高雅//牡丹江日报.—2009.3.12

1385 论满族说部/周惠泉//民族文学研究.—2009,(1).—120~126

1386 满族"窝车库乌勒本"辨析/高荷红//民族文学研究.—2009,(1).—135~140

1387 满族说部《恩切布库》与《乌布西奔妈妈》比较研究/谷颖//古籍整理研究学刊.—2009,(6).—87~92

1388 满族说部的文本化/高荷红//满族研究.—2009,(2).—97~104+114

1389 满族说部之佳作——《雪妃娘娘和包鲁嘎汗》吕萍//社会科学战线.—2009,(8).—278~279

1390 蒙古族和满族神话的比较研究/包哈斯//中央民族大学.—2009.3.1

1391 民族兴盛的历史画卷——论满族说部《雪妃娘娘和包鲁嘎汗》吕萍//满族研究.—2009,(4).—96~99

1392 也谈满族"三仙女"始祖感生神话/谷颖//长春师范学院学报(人文社会科学版).—2009,(3).—92~96

1393 满族萨满神话研究/谷颖//东北师范大学.—2010.12.1

1394 满族神话载体——说部研究/谷颖//长春师范学院学报(人文社会科学版).—2010,(9).—78~81

1395 满族说部"收服英雄"母题研究/苏静//东北史地.—2010,(5).—92~95

1396　满族说部《西林安班玛发》史诗性辨析/谷颖//中南大学学报（社会科学版）.—2010,（4）.—111~116

1397　满族文化源头的性别叙事——以满族说部《天宫大战》《东海窝集传》为例/隋丽//满族研究.—2010,（3）.—70~75

1398　满族传统说部《乌布西奔妈妈》的文学性解读/郭淑云,谷颖//民族文学研究.—2011,（1）.—30~36

1399　满族萨满创世神话产生原因浅析/刘孟子//佳木斯教育学院学报.—2011,（4）.—85

1400　满族说部的活态展演/何新生//东北史地.—2011,（3）.—77~78+5

1401　满族说部选评/郑向东//东北史地.—2011,（4）.—92~96+5~6

1402　试析满族歌谣的流变及表现形式/殷晶波//北京社会科学.—2011,（4）.—76~78

1403　"后集成时代"满族民间故事的生存现状及文本变化探析——以国家级"非遗"项目"满族民间故事"为例/石少涛//民间文化论坛.—2012,（1）.—25~28

1404　《红罗女》版本与满族审美意识形态建设轨迹/王砚天//满族研究.—2012,（2）.—105~108+120

1405　《尼山萨满》满文本与鄂温克族口承本比较研究/邱冬梅//长春师范学院.—2012,（10）.—85

1406　比较视阈中的满族说部与鄂伦春、赫哲、达斡尔族说唱艺术/齐海英,齐晨//满族研究.—2012,（3）.—103~107

1407　从满文文献看三仙女传说的演变/孙建冰,宋黎黎//满语研究.—2012,（1）.—49~56

1408　满族传统说部《松水凤楼传》的流传与采录/富育光//东北史地.—2012,（5）.—64~67

1409　满族歌谣赖以支撑的自然"土壤"解析/殷晶波//牡丹江师范学院学报（哲学社会科学版）.—2012,（3）.—70~71

1410　满族歌谣里的民俗文化解析/徐立艳//吉林师范大学学报（人文社会

科学版).—2012,(5).—62~65

1411 满族民族起源神话研究/谷颖//东北史地.—2012,(4).—53~58

1412 满族人类起源神话研究/谷颖//长春师范学院学报.—2012,(11).—94~98

1413 满族人仙婚配故事的仙妻情结解析/那贞婷//南京工程学院学报(社会科学版).—2012,(2).—31~34

1414 满族说部"窝车库乌勒本"研究——从天庭秩序到人间秩序的确立/高荷红//东北史地.—2012,(3).—63~74

1415 满族说部《雪妃娘娘和包鲁嘎汗》的文学性解读/贺萍,殷宝怡//吉林广播电视大学学报.—2012,(9).—1~3

1416 满族说部的称谓与性质/王卓//社会科学战线.—2012,(5).—134~138

1417 满族说部对历史本文的激活与重释——以《雪妃娘娘和包鲁嘎汗》为例/江帆//社会科学战线.—2012,(5).—121~126

1418 满族说部复仇主题的文化阐释——满族说部叙事类型透视之一/隋丽//民族文学研究.—2012,(4).—15~21

1419 满族说部叙事的隐性主题与文本意义——以《雪妃娘娘和包鲁嘎汗》为例/江帆//民族文学研究.—2012,(4).—5~14

1420 满族说部中的萨满女神创世模式研究/张丽红//华夏文化论坛.—2012,(2).—318~323

1421 蒙古族和满族天鹅仙女神话比较研究/包哈斯//内蒙古师范大学学报(哲学社会科学版).—2012,(4).—63~70

1422 浅论满族民间故事/付钟瑶//吉林艺术学院.—2012,(8).—46

1423 试论满族歌谣文本的意象及其象征意味/殷晶波//前沿.—2012,(7).—187~188

1424 仙妻与民众理想的高扬——浅谈满族人仙婚配故事中的仙妻情结/马雄//太原城市职业技术学院学报.—2012,(2).—203~205

1425 叶广芩满族题材小说文化意蕴研究/柳丽//延边大学.—2012.5.22

1426 中国满族与韩国的动物故事比较/崔裕景//哈尔滨师范大学.—

2012.5.1

    1427　"满族说部"的口头艺术与文本艺术之比较/谢忆梅,金丽莹//满族研究.—2013,(4).—65~68

    1428　"满族说部"研究断想/江帆//中国社会科学报.—2013.4.3

    1429　称谓之辩:"满族说部"与"乌勒本"/王卓//黑龙江社会科学.—2013,(6).—128~130

    1430　辽宁满族民间文学的史料价值探析/詹娜//文艺争鸣.—2013,(2).—176~178

    1431　论萨满神话和满族说部艺术的融合及创新/任禹澎//春草集(二)——吉林省博物馆协会第二届学术研讨会论文集.—2013.8.26.—299~301

    1432　满族民间动植物报恩故事的生态伦理观解读/孙琳,刘金锁//辽宁农业职业技术学院学报.—2013,(3).—28~30

    1433　满族民间故事与东北二人转/耿瑛//戏剧文学.—2013,(4).—143~147

    1434　满族萨满神话与生态美学/阎丽杰//文艺理论研究.—2013,(5).—190~195

    1435　满族神话故事与汉文献的比较研究/尤然//上海师范大学.—2013.4.10

    1436　满族说部《恩切布库》中的满族习俗研究/于春英//黑龙江社会科学.—2013,(6).—136~138

    1437　满族说部的传承与采录——《鳌拜巴图鲁》、《傅恒大学士与窦尔敦》、《扎呼泰妈妈》富育光//东北史地.—2013,(2).—36~41

    1438　满族说部是满汉文化融合的结晶——以《金世宗走国》为例/孙浩宇,刘钊//民族文学研究.—2013,(1).—59~65

    1439　满族说部与满族民俗——以萨布素系列说部故事为例/吕萍//民族文学研究.—2013,(2).—157~163

    1440　满族文化英雄神话述论/谷颖//长春工业大学学报(社会科学版).—2013,(6).—88~90

    1441　蒙古族和满族天女型族源神话比较——以蒙古族《天女之惠》和满族《长白仙女》为例/景志强//山西高等学校社会科学学报.—2013,(11).—

112~115

1442 女神神话的移位——满族"说部"女神崇拜叙事的演化轨迹/张丽红//文化遗产.—2013,(4).—78~84

1443 浅谈东北地区满族民间文学艺术的传承与研究/韩春丽//北方音乐.—2013,(5).—158

1444 三仙女满文谜语考辨/张华克//满语研究.—2013,(2).—30~34

1445 生境的替代选择与满族说唱艺术/齐海英//满族研究.—2013,(3).—101~106

1446 生态伦理学视野下的满族民间故事/孙琳,刘金锁//吉林化工学院学报.—2013,(10).—58~60

1447 性别视角下的满族三仙女神话/漆凌云//文艺争鸣.—2013,(2).—178~181

1448 笊篱姑姑的故事/张炳旭//满族文学.—2013,(3).—106~107

1449 中国满通古斯语族诸民族动物报恩故事研究/陈曲//中央民族大学.—2013.5.1

七、艺术

(一) 音乐、舞蹈、戏剧、曲艺

1450　第一次搬上舞台的满族舞/刘侗//中国民族.—1980,(10).—13~14

1451　满族的舞蹈/乌拉熙春//学习与探索.—1980,(3).—95~98+102

1452　光彩夺目的"珍珠"——浅谈满族神话舞剧《珍珠湖》的音乐创作/朴东生//人民音乐.—1982,(10).—20~22

1453　满族对戏剧的贡献/金启孮,乌拉熙春//学习与探索.—1982,(6).—119~122

1454　满族民间音乐/张佩吉//中国音乐.—1982,(4)

1455　一颗明珠放光彩——满族神话舞剧《珍珠湖》观后/鲁生//中国民族.—1982,(6).—30~32

1456　清代满族诗人诗歌创作的杰出成就/朱眉叔//中国社会科学.—1983,(3).—219

1457　满族祭祀音乐中的特殊音级/余震南//吉林艺术学院学报.—1984,(2).—89~95

1458　满族的民间音乐/赵润波//中国音乐.—1985,(2)

1459　满族民间音乐初探/赵润波//满族研究.—1985,(1).—89~92

1460　谈谈满族民歌《跑南海》程迅//延边大学学报(社会科学版).—1985,(3).—65~79

1461　锡伯族民歌和满族民歌的比较研究/杜亚雄//中国音乐.—1985,(1)

1462　满族的民间舞蹈//满族研究.—1986,(1).—97

1463　满族民歌的音乐特色及形成原因/李莉莎//中国音乐.—1986,(4)

1464　满族戏曲掠影/李德//满族研究.—1986,(1).—87~92+6

1465　满族的祭祀与烧香跳神音乐/石光伟//民族艺术.—1987,(3).—81~88+64

1466　满族歌舞/李德//满族研究.—1987,(3).—81~90

1467　满族戏曲掠影/李德//故宫博物院院刊.—1987,(2).—43~48

1468　满族音乐初探/石光伟//中央音乐学院学报.—1987,(4).—38~44

1469　满族民歌谈略/赵志忠//中央民族学院学报.—1988,(3).—79~81

1470　再论满族歌舞/李德//满族研究.—1988,(3).—79~89

1471　再论满族歌舞(续)/李德//满族研究.—1988,(4).—73~77

1472　《霓裳续谱》与清代满族民歌/赵志忠//满族研究.—1989,(3).—86~91

1473　东北满族音乐志框架初拟/刘桂腾//中国音乐.—1989,(1)

1474　论满族民歌/赵志忠//黑龙江民族丛刊.—1989,(4).—114~121+103

1475　满族乐器选介/笑宇//中国音乐.—1989,(3)

1476　满族民间舞蹈概述/李瑞林,战肃容//乐府新声(沈阳音乐学院学报).—1989,(3).—39~41+7

1477　满族烧香萨满跳神音乐/石光伟//中国音乐.—1989,(3)

1478　满族戏——"朱春"拾遗/隋书今//民族文学研究.—1989,(3).—28~31

1479　清宫满族萨满跳神中的音乐活动/刘桂腾//中国音乐.—1989,(3)

1480　试谈满族民间音乐的辨析/宋瑛//满族研究.—1989,(4).—77~80

1481　新宾满族秧歌的民族特色/白仁功,栾榕年//满族研究.—1989,(3).—92~95

1482　再论满族歌舞(续)/李德//满族研究.—1989,(1).—88~95

1483　再论满族歌舞(续)/李德//满族研究.—1989,(4).—81~88

1484　再论满族歌舞(续)/李德//满族研究.—1989,(2).—90~94

1485　再论满族歌舞(续)/李德//满族研究.—1989,(3).—74~85

1486　满族音乐概论/石光伟,李莉莎//乐府新声(沈阳音乐学院学报).—1990,(3).—17~24

1487　宁古塔满族舞蹈述略/李松华//民族艺术.—1990,(1).—110~122

1488　试论满族萨满舞蹈的特征/曹丽娟//满族研究.—1990,(1).—40~44

1489　再论满族歌舞(续)/李德//满族研究.—1990,(1).—77~89

1490　再论满族歌舞（续）/李德//满族研究.—1990,（2）.—85～94

1491　再论满族歌舞（续）/李德//满族研究.—1990,（3）.—69～80

1492　再论满族歌舞（续）/李德//满族研究.—1990,（4）.—81～88

1493　八百多年前的满族音乐/金建民//中国音乐.—1991,（1）

1494　白旗寨秧歌满族属性初探/王秀荣//满族研究.—1991,（2）.—76～77

1495　渤海乐古今探微/徐达音//满族研究.—1991,（2）.—88～95

1496　感于哀乐　缘事而发——从《北口外占圈谣》谈起/刘福民//满族研究.—1991,（1）.—83

1497　满族对京剧艺术的贡献/佟悦//满族研究.—1991,（1）.—73～82

1498　满族民歌中的民族风俗习惯——读《满族民歌集》札记/李红雨//内蒙古社会科学（文史哲版）.—1991,（5）.—104～108

1499　满族民间乐曲"抿鬓"与舞蹈之关系/刘艳，张少赤//中国音乐.—1991,（1）

1500　满族民间宗教仪式中的单鼓音乐/宋锦生，赵志强//中国音乐.—1991,（1）

1501　新宾满族单鼓音乐考/孙鸿钧，冬克//中国音乐.—1991,（1）

1502　再论满族歌舞（续）/李德//满族研究.—1991,（1）.—62～72

1503　再论满族歌舞（续）/李德//满族研究.—1991,（4）.—61～71

1504　从历史走向现实的艺术形象——满族新城戏《铁血女真》观后/田子馥//戏剧文学.—1992,（11）.—17～18

1505　广州的满族歌曲/广陵//满族研究.—1992,（1）.—59

1506　火红的达子香（大型满族民间故事剧）/张溢洪//戏剧文学.—1992,（11）.—40～59

1507　满族情歌论/赵志忠//民族文学研究.—1992,（3）.—75～79

1508　满族萨满歌舞的根基与传承说/石光伟//满族研究.—1992,（3）.—44～48

1509　满族秧歌（外一首）/李兴濂//中国民族.—1992,（7）.—43

1510 清代宫中的满族音乐/万依//吉林文史出版社.—1992

1511 汉军八旗祭祀歌舞辨析——兼论满、汉民族间文化的融合/曹丽娟//满族研究.—1993,(1).—86~90

1512 黑龙江满族民歌与民俗初探/可心//满族研究.—1993,(4).—55~57

1513 满族戏《铁血女真》表导演风格的探索/孙丽清//中国戏剧.—1993,(3)

1514 浅谈满族音乐几种传统表演形式/多涛//辽宁师范大学学报.—1993,(2).—41~43

1515 满族民歌三题/石光伟//民族艺术.—1994,(3)

1516 满族入关与清前期戏剧文化/王政尧//清史研究.—1994,(2).—37~46

1517 满族萨满跳神音乐概述/石光伟,刘桂腾//满族研究.—1994,(2).—67~78

1518 满族舞的寻踪/关昕//舞蹈.—1994,(3)

1519 清入关前满族宫廷音乐概说/佟悦//满族研究.—1994,(4).—66~69

1520 中国满族萨满音乐的原始特征/冯伯阳//艺圃(吉林艺术学院学报).—1994,(3).—8~13

1521 满族传统民歌与满族音乐文化/赵志忠//民族艺术.—1995,(3).—134~145

1522 满族民歌三题/石光伟//中国音乐.—1995,(1)

1523 满族民歌寻踪/杨久盛//音乐研究.—1995,(2)

1524 满族萨满乐器的形制、配置及其文化特征/刘桂腾//中国音乐学.—1995,(3)

1525 满族萨满神歌内容浅析/宋和平//满族研究.—1995,(2).—59~65

1526 满族舞蹈浅谈/张桂秋//满族研究.—1995,(2).—81~83

1527 满族舞蹈谭概/李德//满族研究.—1995,(1).—66~74

1528 满族戏曲与戏曲家/胡音//满族研究.—1995,(2).—84~88

1529 满族的狩猎歌/玲珑//满族研究.—1996,(3).—67

1530 满族民歌《阿玛有只小角鹰》云汉//满族研究.—1996,(3).—19

1531　满族民歌《镜泊湖水清凉凉》高歌 // 满族研究. —1996,（3）. —12

1532　满族民歌《劳动号子》凌波 // 满族研究. —1996,（3）. —85

1533　满族萨满神歌的结构/孟慧英//民族文学研究. —1996,（2）. —24~30

1534　满族文化与东北二人转（下）——也谈二人转的源流问题/李映//戏剧文学. —1996,（5）. —47~50

1535　满族文化与东北二人转（中）——也谈二人转的源流问题/李映//戏剧文学. —1996,（4）. —66~69

1536　满族文化与东北二人转——也谈二人转的源流问题（上）/李映//戏剧文学. —1996,（3）. —38~42

1537　满族舞蹈民族特点之我见/李德//满族研究. —1996,（2）. —61~67

1538　满族秧歌音乐发掘与创新初探/胡伟光//艺术广角. —1996,（1）. —49~53

1539　满族音乐中的萨满佛调/杨文星//承德民族师专学报. —1996,（4）

1540　满族音乐纵横谈/李德//满族研究. —1996,（3）. —71~76

1541　满族语言与音乐风格探微/宋瑛//满族研究. —1996,（3）. —77~83

1542　满族笊篱姑姑舞/秋心//满族研究. —1996,（1）. —74

1543　清宫廷西洋乐队/吉书//满族研究. —1996,（1）. —55

1544　萨满舞与民俗文化——青龙满族自治县萨满活动浅析/傅德全//大舞台. —1996,（5）. —23~25

1545　试论满族音乐历史发展的三大文化圈//中国音乐学. —1996,（1）

1546　谈东北地区满族皮影/赵凤山//满族研究. —1996,（1）. —75~80

1547　腰铃舞/安琪//满族研究. —1996,（1）. —80

1548　《连厢》小议/浅水//满族研究. —1997,（4）. —92

1549　八角鼓族系音乐中满族音乐的探讨/凌瑞兰//乐府新声（沈阳音乐学院学报）. —1997,（1）. —27~31

1550　承德地区满族酒歌浅析/杨文星//承德民族师专学报. —1997,（1）

1551　东北小调音乐特征中心满族音乐质能/李玉珍//中国音乐. —1997,（4）

1552　对繁荣满族舞蹈艺术的思考/王乃功//满族研究.—1997,(4).—81~85

1553　对满族音乐创作音调多层性的思考/张继昂//乐府新声(沈阳音乐学院学报).—1997,(4).—35~37

1554　黑龙江满族民歌初探/张革新//满族研究.—1997,(2).—73~75

1555　黑龙江满族民歌述略/张可心//中国音乐.—1997,(3).—56~58

1556　略论子弟书/鲁渝生//满族研究.—1997,(3).—74~80

1557　满族传统民歌《八角鼓,咚咚咚》风铃//满族研究.—1997,(1).—40

1558　满族儿歌《树叶儿多》与《酸枣儿颗颗》/方汉//满族研究.—1997,(1).—65

1559　满族民歌的历史渊源及传统音调特征/张淑霞,徐国清//音乐研究.—1997,(3)

1560　满族情歌《黄米糕》霓裳//满族研究.—1997,(1).—45

1561　满族萨满音乐品格浅说/隋安福//乐府新声(沈阳音乐学院学报).—1997,(2).—45~47

1562　满族音乐文化研究的回顾与展望/隋安福//民族艺术.—1997,(2).—151~154

1563　满族音乐研究随想——在第二届中国满族音乐文化学术研讨会上的发言/樊祖荫//中国音乐.—1997,(1)

1564　满族音乐与时代文明——写在第二届中国满族音乐文化学术研讨会之际/冯光钰//中国音乐.—1997,(1)

1565　清代满族、蒙古族的妇女诗歌/祝注先//中南民族学院学报(哲学社会科学版).—1997,(4)

1566　试论满族萨满神歌的音乐特点及其形态分类/王信威//乐府新声(沈阳音乐学院学报).—1997,(3).—43~48

1567　谈辽宁满族舞蹈/鲁滨//满族研究.—1997,(1).—70~75

1568　文化人类学视野中的满族萨满音乐——对萨满音乐的价值判断/冯伯阳//音乐研究.—1997,(2)

1569 紫塞文化中的满族音乐/姚素秋//中国音乐.—1997,(1).—30-31

1570 "莽式"文化含义浅释/蒋理//满语研究.—1998,(2).—23

1571 刍议满族音乐创作的几个问题/孟祥林//乐府新声(沈阳音乐学院学报).—1998,(4).—46~49

1572 满汉舞蹈的融合——满汉杂糅的东北大秧歌/沈漓涓//满族研究.—1998,(1).—82~85

1573 满族萨满神歌考略/杨久盛//乐府新声(沈阳音乐学院学报).—1998,(2).—28~32

1574 满族萨满跳神的表演艺术/宋和平//黑龙江社会科学.—1998,(2).—32~36

1575 萨满舞与傩舞之比较研究/王乃功//满族研究.—1998,(3).—77~81

1576 宝参传奇(大型满族民间故事剧)/宋胤佐,王秀侠//戏剧文学.—1999,(10).—10~32

1577 创新求异,雅俗共赏——满族神话舞剧《白鹿额娘》创作浅谈/周荣贵//舞蹈.—1999,(3)

1578 论满族舞蹈的继承与创新/沈漓涓//满族研究.—1999,(2).—84~86

1579 满舞采风——论满族舞蹈之特性/郑晓颖//舞蹈.—1999,(1)

1580 满族萨满教舞蹈神的文化意蕴/王宏北//哈尔滨师专学报.—1999,(2).—74~79

1581 满族与京剧述论/关嘉禄//第二届国际满学研讨会论文集(下):民族出版社.—1999.8.1.—275~295

1582 满族与清代京剧包公戏/王政尧//中国京剧.—1999,(6)

1583 萨满神歌与满族民歌/蒋理//满语研究.—1999,(2).—107

1584 试论满族对清代包公戏的贡献/王政尧//第二届国际满学研讨会论文集(下):民族出版社.—1999.8.1.—296~306

1585 西伯利亚诸族与满族萨满的象征——鼓的音乐学比较/刘桂腾//乐府新声(沈阳音乐学院学报).—1999,(3).—39~44

1586　云南大山中的满族民歌——山曲/杨菊华//云岭歌声.—1999,(3).—45

1587　对满族音乐研究的几点看法/杨久盛//中国音乐.—2000,(4)

1588　关于满族舞蹈教学的思考与实践/虞德华//辽宁师专学报（社会科学版）.—2000,(6).—104~105

1589　满族八角鼓/郭凤山//吉林日报.—2000.9.5

1590　满族音乐初论/蒋理//满语研究.—2000,(1).—111

1591　满族的民间歌舞/衣淑华//湖北日报.—2001.2.1

1592　尼丹萨满之歌（满族神话音乐剧）/张凤生//戏剧文学.—2001,(12).—36~46

1593　萨满神歌与满族民歌/李志杰//满族研究.—2001,(2).—86~89

1594　东北戏曲史专题研究之三——历史上的满族戏曲——朱赤温/杨世祥//吉林艺术学院学报.—2002,(3).—1~4

1595　满族民歌"三"的音乐现象研究/关杰//哈尔滨工业大学学报（社会科学版）.—2002,(2).—110~113

1596　满族音乐创作途径探索/刘靖//乐府新声（沈阳音乐学院学报）.—2002,(2).—36~39

1597　论二人转起源于萨满歌舞/赵凤山//满族研究.—2003,(4).—65~72

1598　旗城旧事——满族人与京剧的不解之缘/佟文英//中国京剧.—2003,(4)

1599　浅谈承德满族音乐的发展状况/窦玉英//乐府新声（沈阳音乐学院学报）.—2003,(2).—45

1600　石姓萨满神歌研究/高荷红//中国社会科学院研究生院.—2003,(3)

1601　乌拉鼓语　吉林满族关氏与汉军常氏萨满祭祀仪式音乐考察/刘桂腾//中国音乐.—2003,(3)

1602　白山黑水的歌唱——从满族民歌看满汉民族融合现象/严薇//黄河之声.—2004,(3).—8~9

1603　避暑山庄宫廷音乐概说/钱树信//满族研究.—2004,(4).—59~67

1604 满族的风情画 生命的赞美诗——谈音乐吉剧《额娘梦》/邵明清//戏剧文学.—2004,(1).—59~61

1605 满族风情音乐剧 祈太平/李连海//戏剧文学.—2004,(11).—12~34

1606 满族民间音乐与关东民俗/江汉力,奚英波//吉林日报.—2004.12.2

1607 满族与岔曲/伊增埙//满族研究.—2004,(1).—55~64

1608 满族与京剧/赵志忠//满族研究.—2004,(1).—49~54

1609 祈太平(满族风情音乐剧)/范春双,郭中束,石磊//戏剧文学.—2004,(9).—4~16

1610 东北大秧歌与地域文化/赵凤山//满族研究.—2005,(4).—88~93

1611 满族歌曲创作问题浅谈/朴慧新//承德职业学院学报.—2005,(3).—144

1612 满族民间歌舞赏析/官圆媛//鸡西大学学报.—2005,(4).—82~83

1613 满族萨满神歌的程式化/高荷红//民族文学研究.—2005,(3).—69~79

1614 满族神歌仪式的程式化/高荷红//民族艺术.—2005,(3).—39~47+56

1615 满族秧歌及其文化蕴涵/陈林宜//沈阳师范大学学报(社会科学版).—2005,(2).—34~37

1616 满族与其它民族民间音乐的交融/张一凡//中国音乐学.—2005,(1).—39~42

1617 平民化、个性化、喜剧化的时代颂歌——评大型满族新城戏《皇天后土》/刘军谊//戏剧文学.—2005,(12).—36~38

1618 试论萨满教对满族民歌之影响——满语萨满神歌的音乐风格/蔡华明//佳木斯大学社会科学学报.—2005,(3).—84~85

1619 数据透视:满族音乐研究二十年/刘桂腾//乐府新声(沈阳音乐学院学报).—2005,(1).—3~11

1620 岔曲研究/章学楷//满族研究.—2006,(3).—68~83

1621 东北满族地区皮影戏的个案考察——岫岩皮影戏研究/张冬菜//民间文化论坛.—2006,(3).—87~93

1622　满族风情系列舞蹈的灯光语言/吴俊德//演艺设备与科技.—2006,（2）.—80～81

1623　满族民歌：民族文化的别样传承/马跃//中国民族.—2006,（3）.—36～37

1624　满族民歌的民族文化特色/马跃//黑龙江教育学院学报.—2006,（2）.—122～123

1625　满族萨满舞蹈的特点研究/王晓楠//中央民族大学.—2006.4.1

1626　满族音乐的文化定位/白玮//文化学刊.—2006,（1）.—57～67

1627　试述满族民歌中蕴涵的民族性格/马跃//学术交流.—2006,（2）.—182～184

1628　探析满族音乐文化/刘俊鲜//内蒙古电大学刊.—2006,（9）.—58～59

1629　"中国萨满音乐文化"系列研究（之一）满族萨满音乐/刘桂腾//乐府新声（沈阳音乐学院学报）.—2007,（1）.—104～128+2

1630　兼收并蓄的满族传统音乐/李亚芳//音乐周报.—2007.3.14

1631　满族民歌研究——以五声音阶为基础的三声、四声音阶的满族民歌/王丽燕,刘清明//吉林省教育学院学报.—2007,（1）.—78～80

1632　满族民间舞的文化特点及成因/吴丹//音乐生活.—2007,（5）.—86～87

1633　满族民间音乐与京剧音乐交融/张一凡,张爽//黑龙江民族丛刊.—2007,（1）.—158～161

1634　满族萨满教舞蹈神的文化意蕴/周宏荣,马景星//北京舞蹈学院学报.—2007,（1）.—75～81

1635　满族萨满神歌艺术特征之探索/张媛//吉林大学.—2007.4.20

1636　满族萨满舞蹈研究/阎成立,张倩//繁荣·和谐·振兴——辽宁省哲学社会科学首届学术年会获奖成果文集：东北大学出版社.—2007.—501～514

1637　满族舞蹈《莽式》/于烈梅//大舞台.—2007,（4）.—70

1638　满族舞蹈历史发展中的两种态势/祝嘉怡//中国艺术研究院.—2007,（6）

1639　试析萨满文化中的满族歌舞/戴士权,周晓峰//长春大学学报.—2007,(7).—96~98

1640　以五声音阶为基础的三声、四声音阶的满族民歌/王丽燕,刘清明//内蒙古民族大学学报.—2007,(3).—135~138

1641　中国少数民族乐器介绍之七——回族的牛头埙、口弦和满族的八角鼓/贺锡德//音响技术.—2007,(2).—76~77

1642　代代相传的满族花棍秧歌舞/王宇舟//齐齐哈尔日报.—2008.9.16

1643　满族舞蹈历史演变/刘卓,王珉珠//音乐生活.—2008,(7).—38~39

1644　满族舞蹈中"吉祥步"的文化探析/陈玉,刘莉//今日科苑.—2008,(24).—185

1645　满族音乐文化资源的传承与发展/尚晶,何钧宇//戏剧文学.—2008,(5).—76~79

1646　满族与"京腔京韵"/关纪新//中国文化研究.—2008,(1).—185~191

1647　民风民俗孕育出的舞韵——关于满族舞蹈动态特征的研究/刘莉//舞蹈.—2008,(8).—64~65

1648　清代满族音乐结构与曲牌的研究/汤晓霞//山东大学.—2008.4.1

1649　粗犷奔放　秀美优雅之典范——清代宫廷满族舞蹈的艺术风格初探/李雪//音乐生活.—2009,(3).—50~51

1650　关于满族舞蹈传承与创新的探讨/刘莉//长春师范学院学报(人文社会科学版).—2009,(3).—156~158

1651　狼妻(满族歌舞神话二人转)/陆德华,张生//戏剧文学.—2009,(11).—17~19

1652　满族多声部民歌的探索与尝试/窦玉英,丰新勃//时代文学(下半月).—2009,(7).—205~206

1653　满族民间舞蹈音乐研究/陈玉//东北师范大学.—2009.5.1

1654　满族萨满史诗《乌布西奔妈妈》中舞蹈艺术浅析/李晓黎//长春大学学报.—2009,(1).—103~106

1655 满族萨满音乐形态特征探微/吴晓峰//内蒙古大学艺术学院学报.—2009,(1).—74~77

1656 满族舞蹈的传承与社会价值/刘莉//中国民族.—2009,(9).—43~44

1657 满族新城戏/长白雁//中华艺术论丛.—2009.—285~288

1658 满族新城戏中女性形象溯源及探析/王颜飞//保定学院学报.—2009,(2).—105~108

1659 浅谈满族民歌的种类/敖小华//大众文艺(理论).—2009,(12).—191

1660 浅谈民族风俗在满族民间舞蹈中的历史印迹/李思瑶//才智.—2009,(8).—166

1661 谈满族民间音乐的体裁/赵德生//四川戏剧.—2009,(3).—45~46

1662 为生命而歌——创作满族舞蹈《佛多玛玛》的一点体会/刘梦君//大众文艺(理论).—2009,(8).—40

1663 "漫步"河北地秧歌和满族秧歌/高迪//戏剧之家(上半月).—2010,(11).—48

1664 东北满族民歌的音乐分析/王海霞//长春大学学报.—2010,(7).—122~126

1665 东北满族民歌演唱特征研究/王海霞//东北师范大学.—2010.5.1

1666 多元文化背景下宁古塔满族音乐风格的流变/陆学凯//艺术百家.—2010,(S1).—311~312+321

1667 九台满族锡克特里哈拉萨满仪式音乐研究/王晓东//沈阳音乐学院.—2010.5.19

1668 满族民间音乐特点简谈/赵德生//四川戏剧.—2010,(2).—135~136

1669 满族萨满舞蹈的程式化与随意性探析/刘雪玉//吉林师范大学学报(人文社会科学版).—2010,(1).—78~79

1670 满族萨满音乐与东北二人转的渊源关系/金士友//中国音乐.—2010,(2).—7~12

1671 满族新城戏的现状及未来的发展/李靖//戏剧文学.—2010,(9).—

17~20

1672 满族秧歌的发展演变及其风格特点/于雪//吉林艺术学院学报.—2010,(5).—52~55

1673 宁安满族萨满仪式音乐研究/吕晓冬//沈阳音乐学院.—2010.5.19

1674 试论满族民歌的体裁划分及音乐特征/陈丽娟//东北电力大学学报.—2010,(3).—99~102

1675 试论萨满音乐文化的传承——辽宁省新宾满族自治县背景下的分析/杨巍//通化师范学院学报.—2010,(5).—53~54

1676 由满族秧歌的发展看满族音乐的发展与融合/奚岩//电影评介.—2010,(9).—89+91

1677 承德地区满族舞蹈现状及发展构想/蒋小娟,宋函颖//山西财经大学学报.—2011,(S2).—119~120

1678 论满族音乐的文化传承与社会价值/王珊珊//音乐生活.—2011,(6).—69~70

1679 满·舞·魂——满族萨满舞蹈的初步探析/徐璐璐//多维视野下的清宫史研究——第十届清宫史学术研讨会论文集:现代出版社.—2013.1.—174~182

1680 满族祭祀舞蹈中的文化/王铁梅//戏剧之家(上半月).—2011,(2).—53+26

1681 宁古塔地区满族民歌音乐特征探析/陆学凯//人民音乐.—2011,(4).—60~61

1682 浅谈满族舞蹈/董蕊//戏剧之家(上半月).—2011,(2).—52

1683 沈阳故宫与满族民间乐舞/韩春艳//沈阳故宫博物院院刊.—2011.—417~427

1684 从子弟书对女英雄形象的重塑透视满族的性别文化心理/姚韫//满族研究.—2012,(2).—109~113

1685 大型满族戏曲音乐剧 狼妻/陆德华,贾慧敏,张生//戏剧文学.—2012,(4).—36~55

1686　丹东地区满族舞蹈音乐艺术分析与发展研究/何纪红//艺术与设计(理论).—2012,(7).—133~134

1687　当代满族萨满舞蹈创作研究/高杨//东北师范大学.—2012.5.1

1688　对满族舞蹈在历史发展中的融合与传承的初探/冯微//大众文艺.—2012,(17).—201

1689　古老珍贵的萨满神歌/胡伟光//音乐生活.—2012,(6).—24~26

1690　关于满族音乐逻辑的归纳及其源自萨满信仰活动的考证——以满族等东北亚少数民族的田野考察为例/韩晟//音乐生活.—2012,(10).—74~76

1691　黑龙江地区满族悠悠调的歌词及演唱特点/刘扬//艺术教育.—2012,(8).—33

1692　黑龙江民间萨满仪式音乐考察研究综述/陈龙//民族音乐.—2012,(6).—51~52

1693　九台满族萨满仪式音乐的传承现状考察/王晓东//歌海.—2012,(4).—4~8

1694　力求满族婚俗风情的尽情展示——谈《狼妻》的艺术追求/贾慧敏//戏剧文学.—2012,(4).—56

1695　论满族民歌对高校声乐教学的影响/孙蕾//音乐大观.—2012,(12).—36~37

1696　满族"莽式舞"发展流变的思考/陈萌曦//辽宁广播电视大学学报.—2012,(4).—113~114

1697　满族宫廷舞蹈和民间舞蹈中元素的探究学习/林瑶//教育教学论坛.—2012,(37).—279~280

1698　满族萨满神歌研究/赵志忠//长春师范学院学报.—2012,(8).—1~8

1699　满族萨满仪式音乐的功能探究/田小书,朱进辉//通化师范学院学报.—2012,(7).—64~66

1700　满族舞蹈元素在教学中的研究与应用/关冠//吉林艺术学院.—2012.5.1

1701 满族舞蹈在辽宁旅游产业中的价值与开发构想/石立林//旅游纵览(下半月).—2012,(12).—42

1702 宁安瓜尔佳哈拉萨满仪式音乐考察/吕晓冬//歌海.—2012,(4).—9~16+24

1703 宁古塔地区满族民间乐器之传承/王黎平,王纵林//戏剧之家(上半月).—2012,(4).—59

1704 宁古塔满族民歌/王黎平//大家.—2012,(7).—324~325

1705 宁古塔徐氏家族满族萨满祭祀仪式音乐研究/廉程//哈尔滨师范大学.—2012.6.1

1706 浅论满族民间舞蹈/尹子燕//黄河之声.—2012,(15).—73

1707 浅论满族音乐的自我品质及创作特征/姚立华//音乐创作.—2012,(6).—154~155

1708 浅谈岔曲语言的民族特色/郭铁娜//满族研究.—2012,(3).—92~96

1709 浅谈满—通古斯语族传统乐器及其民间音乐特点/许双毅//大舞台.—2012,(11).—268~269

1710 浅谈满族萨满音乐历史与发展/杨艳//兰台世界.—2012,(33).—57~58

1711 浅谈满族萨满音乐历史与展望/步振勇//西北民族大学学报(哲学社会科学版).—2012,(2).—181~184

1712 时尚与传统完美结合——浅析满族舞剧《珍珠湖畔》关冠//戏剧文学.—2012,(11).—64~65

1713 艺不分满汉;曲中兼雅俗——戴全德散曲创作赏析/黄斌//满族研究.—2012,(2).—114~115

1714 中国满族舞蹈的非物质文化遗产保护与传承/陈庆国//兰台世界.—2012,(32).—58~59

1715 "惊动公卿夸绝调;流传市井效眉颦"——试说清季满族艺术"子弟书"与"八角鼓"/关纪新//中外文化与文论.—2013,(2).—125~141

1716 《祭》——萨满祭祀舞蹈创作台本/吕寅//青年文学家.—2013,(6).—150

1717 关于辽南地区满族舞蹈现状及发展的研究/孙俏//大众文艺.—2013,(11).—180

1718 简述满族民歌特征/何纪红,张丙娜//满族研究.—2013,(2).—114~119

1719 解读满族生产生活民俗中的民歌/盛雪//音乐创作.—2013,(10).—169~170

1720 论满汉音乐的融合与发展/赵德生//作家.—2013,(24).—216~217

1721 论满族民间舞蹈音乐历史文化的演变及发展/邬诺娃//音乐大观.—2013,(10).—213

1722 论图腾文化对满族萨满舞蹈形态的影响/赵楠//吉林艺术学院.—2013.5.25

1723 满族"东海莽式"乐舞文化寻根/高明星,郁正民//艺术评论.—2013,(2).—118~121

1724 满族民歌的传承与发展/李鑫,李世纲//科技创新与应用.—2013,(1).—293~294

1725 满族民歌的历史价值——以辛亥革命为中心/汪亭存//民族艺林.—2013,(2).—77~80

1726 满族民间说唱艺术的学理寻踪与话语建构/吴玉杰//满族研究.—2013,(4).—69~72

1727 满族萨满神歌的研究/杨义健率//东北师范大学.—2013.12.1

1728 满族萨满舞与维吾尔族萨玛舞的异同/韩伟冬//新疆职业大学学报.—2013,(6).—39~41+49

1729 满族萨满音乐形态特征研究/王明飞//音乐大观.—2013,(9).—186

1730 满族戏剧纵横谈/吕萍//满族研究.—2013,(1).—95~99

1731 满族音乐及其研究现状/高玉侠,贾淼,邓喆//满族研究.—2013,(2).—120~124

1732　满族音乐在当代的传承与发展/孟璐//乐器.—2013,(5).—62~63

1733　蒙古族与满族萨满教神歌审美思想比较探究/陈永春//民族论坛.—2013,(5).—46~48+93

1734　浅谈满族舞蹈教学的研究目的与注意事项/关冠//青年文学家.—2013,(1).—82

1735　浅谈满族舞蹈史诗《乌布西奔妈妈》关冠//大众文艺.—2013,(8).—36

1736　浅谈满族舞蹈在教学体系中的发展走向/关冠//青年文学家.—2013,(10).—96

1737　少数民族民歌对农村文化建设的启示——基于"伊通镇邵家村满族家园文化大院"的调查/王晓东//歌海.—2013,(6).—20~23

1738　试论二十世纪末以后影响萨满音乐发展的因素/李婉滢//东北师范大学.—2013.5.1

1739　试论满族萨满音乐特征/潘晓红//辽宁教育行政学院学报.—2013,(5).—108~110

1740　谈满汉戏剧的融合与发展/赵德生//作家.—2013,(22).—201~202

1741　谈满族音乐生存环境的变迁/于得智//作家.—2013,(24).—218~219

1742　小议满族音乐中的民间歌舞/石琳//科技创新导报.—2013,(11).—225

（二）书法、绘画、雕刻

1743　关于满文篆书/关世沅//满族研究.—1986,(3).—75~76

1744　寒心未肯随春态——《冰姿劲节图》赏析/秋心//满族研究.—1986,(1).—96

1745　扫尽凡夫笔下尘——论高其佩及其指头画/李德//满族研究.—1986,(2).—64~71+52

1746　传统·生活·情感——钟质夫和他的花鸟画/念奴//满族研究.—1987,(2).—81

1747　满族绘画探略/李德//满族研究.—1987,(1).—84~91

1748　纳兰性德收藏过的书画/张一民//满族研究.—1988,(2).—61~63

1749　满族民间木雕/王纯信//满族研究.—1989,(4).—89~91

1750　爱新觉罗·毓崌《墨竹图》赏析/浣花//满族研究.—1992,(2).—89

1751　不为无人而不芳——爱新觉罗·毓宜《兰石》赏析/浣花//满族研究.—1992,(4).—73

1752　丹青不知老将至 挥毫濡瀚更着春——傅佐先生及其绘画艺术/浣花//满族研究.—1992,(1).—63

1753　葛昷的山水画/浣花//满族研究.—1992,(3).—64

1754　马熙运及其满文书法/秋心//满族研究.—1992,(2).—79

1755　岫岩满族农民民间绘画选登/任朝伟//满族研究.—1992,(4).—97

1756　艳质幽姿迎早春——爱新觉罗·溥仙《早春图》赏析/李德//满族研究.—1993,(4).—78

1757　朱伦瀚及其指头画/冯逸//满族研究.—1993,(1).—51

1758　《燕山早春》赏析/秋心//满族研究.—1994,(4).—78

1759　爱新觉罗·焘健的书法/浣花//满族研究.—1994,(2).—8

1760　成亲王永瑆的书法/浣花//满族研究.—1994,(4).—82

1761　清代的宫廷艺术——院画/孙怡姝//满族研究.—1994,(1).—87~88

1762　纳兰性德的书法/浣花//满族研究.—1995,(1).—77~78

1763　满族傅余庵花鸟草虫图册/史树青//收藏家.—1997,(2).—14~15

1764　满族书法谭概/李德//满族研究.—1997,(2).—76~85

1765　清初三陵建筑与彩画新论/王成民//满族研究.—1997,(4).—86~92

1766　清代贵州满族书画家及其艺术/朱良津//贵州民族研究.—1999,(3).—121~124

1767　简论清泰陵几处彩画的历史价值/王成民//满族研究.—2000,(2).—89~93

1768　满汉合璧剧本《烟鬼叹》刍议/赵展//满语研究.—2000,(2).—99~105

1769　朱伦瀚指画《仙鹤》鲛人//满族研究.—2000,(4).—83

1770　清前期寿山石雕刻艺术考察/郭福祥//满族研究.—2003,(3).—66~71

1771　满族木雕"烟荷包疙瘩"与烟文化/王纪,王纯信//吉林日报.—2004.9.4

1772　谈清帝陵寝中的石雕文化及其艺术/刘英//满族研究.—2004,(4).—77~82

1773　民间美术系列之一　东北满族皮影/赵凤山//美术大观.—2005,(1).—56~57

1774　名家辈出的满族书法绘画/赵书//中国民族报.—2006.6.2

1775　浅论建筑绘画在清代的发展/刘娟//阴山学刊(自然科学版).—2006,(3).—101~102+109

1776　纳兰性德绘画作品《溪亭秋色小景》赏析/张一民//满族研究.—2008,(4).—127

1777　沈阳故宫博物院院藏木雕文物赏析/刘晓晨//满族研究.—2008,(4).—109~113

1778　汉满三十二体篆书《御制盛京赋》的影响及其对中国书法史重构的启示/张万兴//中央民族大学学报(哲学社会科学版).—2009,(5).—92~96

1779　论斌良山水诗的绘画美/吕斌//满族研究.—2010,(1).—92~94

1780　满族祖先神像的文化价值及艺术特征研究/陈佳//长春大学学报.—2010,(7).—111~112

1781　满族审美文化影响下的清代玉雕插屏考略/张彤晔,宋魁彦//大舞台.—2011,(1).—139~140

1782　阿穆尔河上游地区的岩画与通古斯—满语族民间文学的关系/安德烈·巴甫洛维奇·扎比亚科,程红泽//黑龙江社会科学.—2012,(4).—142~143

1783　东丰农民画中的满族民俗文化研究/杨峰//中国美术.—2012,(6).—115~117

1784　简析萨满传统文化和现代油画色彩相结合/付煜//辽宁师范大学.—2012.4.1

（三）剪纸、刺绣、建筑工艺

1785　吉林长白山地区满族民间剪纸艺术撷遗/王纯信，音戈//艺圃（吉林艺术学院学报）.—1985，（1）.—50~58

1786　满族服饰艺术初探/王虹//美苑.—1985，（3）.—22~24

1787　方寸洞天——辽宁省满族民间枕头顶刺绣纹样初探/回连涛//美苑.—1986，（6）.—21~24

1788　满族的补绣艺术/赵凤山//满族研究.—1987，（4）.—88

1789　满族剪纸艺术小议/吴润令//满族研究.—1987，（3）.—90

1790　满族民间补绣//满族研究.—1987，（4）.—97

1791　清朝"顶戴"、"绣补"是精良工艺品/王佐贤//满族研究.—1987，（2）.—15

1792　长白山区满族民间剪纸//满族研究.—1988，（1）.—97

1793　满族剪纸与萨满教/王纯信//满族研究.—1988，（1）.—94~95

1794　长白山区满族剪纸/昊天//中国民族.—1990，（8）.—25

1795　满族人常用的工艺品/王佐贤//紫禁城.—1991，（3）.—23+35

1796　长白山满族剪纸艺术/昊天//美术研究.—1992，（1）.—63~65

1797　爱新觉罗·裕庸的草编艺术/沈英//满族研究.—1994，（2）.—88

1798　长白山满族剪纸/王纯信//通化师院学报.—1994，（1）.—40~43

1799　满族的枕头顶刺绣/融雪//满族研究.—1994，（3）.—77~78

1800　满族工艺美术谭概/李德//满族研究.—1994，（2）.—79~86

1801　张冬阁的《满族风俗剪纸》/凌波//满族研究.—1994，（1）.—90

1802　曹仪简的毛猴艺术/沈瑛//满族研究.—1995，（1）.—80~81

1803　满——通古斯语族民族神话/孟慧英//满族研究.—1996，（3）.—56~61

1804　满族枕顶艺术/张广熙//满族研究.—1996，（4）.—63~65

1805　清朝寓意吉祥之物——如意/张淑芝//满族研究.—1996，（2）.—73~78

1806　岫岩满族的剪纸艺术/赵朝勋//民族团结.—1996，（2）.—42

1807　东北满族民间美术中的"生命树"/赵凤山//美术大观.—1997，（7）.—

12~13

1808　东北满族民间美术中的"生命树"/赵凤山//美术大观.—1997,（8）.—14~15

1809　东北满族民间美术中的"生命树"/赵凤山//美术大观.—1997,（9）.—14~15

1810　东北满族民间美术中的"生命树"/赵凤山//美术大观.—1997,（10）.—14~15

1811　满族民间美术的远缘移植——长白山区枕头顶刺绣与东北二人转/王纯信//通化师院学报.—1997,（4）.—69~73

1812　满族民间美术的远缘移植——长白山区枕头顶刺绣与东北二人转/王纯信//艺圃（吉林艺术学院学报）.—1997,（1）.—65~70

1813　风格独特　源远流长——辽宁岫岩满族自治县的剪纸艺术/徐德元//美术大观.—1998,（10）.—54~55

1814　满族"女红"枕头顶/刘增林//民族团结.—1998,（5）.—57

1815　满族面具的新发现/王松林//社会科学战线.—2000,（3）.—203~205

1816　长白山满族背筐研究/王纪,王纯信//满族研究.—2002,（1）.—87~94

1817　长白山满族背筐研究/王纪,王纯信//吉林艺术学院学报.—2002,（2）.—50~54

1818　满族居室装饰艺术风格及成因初探/徐悦//东疆学刊.—2002,（1）.—108~111

1819　盛京皇宫的建筑布局与美学研究/王成民//满族研究.—2002,（2）.—70~76

1820　长白山满族民间剪纸概说/王纯信//美术.—2003,（4）.—92~97

1821　巧手姑娘活计好——满族绣枕片一瞥/杨英军//中国民族报.—2003.11.28

1822　北方满族居室设计装饰特点/侯林//装饰.—2004,（9）.—115

1823　长白山满族剪纸论析/尹国有//满族研究.—2004,（2）.—71~77

1824　满族刺绣 枕头顶/杨子忱//吉林日报.—2004.6.12

1825　满族刺绣中的萨满文化/王纪,王纯信//中国民族.—2004,(3).—53~57

1826　满族的民间剪纸/何平//吉林日报.—2004.4.24

1827　满族的枕头顶艺术/于学斌//黑龙江日报.—2004.6.2

1828　满族民间剪纸的发现与研究/王纪//吉林日报.—2004.12.19

1829　满族民间剪纸的艺术风格/钱娜//吉林艺术学院学报.—2004,(3).—58~59

1830　窗花透视出的满族风情——解析沈阳地区的民间剪纸/金鸥//满族研究.—2005,(1).—79~88

1831　多姿多彩的满族面具/黑桑//中华手工.—2005,(4).—90~93

1832　华北满族乡村民居更新设计研究/黎明//中央美术学院.—2005.5.1

1833　满族苞米窝儿剪纸艺术研究/张杰,王纪//满族研究.—2005,(3).—126~128

1834　满族枕头顶/白玉芳//中华手工.—2005,(4).—98~99

1835　民间美术系列之三 东北满族的补绣/赵凤山//美术大观.—2005,(3).—56~57

1836　医巫闾满族民间剪纸:草根艺术的繁茂空间/宁旭//辽宁日报.—2005.10.12

1837　长白山满族年俗文化中的面灯艺术/王宏硕//通化师范学院学报.—2007,(1).—7~9+22

1838　黑白之山水绣——东北满族刺绣/李友友//上海工艺美术.—2007,(4).—91~93

1839　黑龙江满族剪纸——染麻花/任健//绥化学院学报.—2007,(5).—193

1840　满族传统艺术—荷包/孙雅致//辽宁丝绸.—2007,(4).—39~40

1841　满族刺绣蕴含民俗文化/王臻青//辽宁日报.—2007.4.2

1842　满族闺房艺术枕顶绣/于学斌,黎霞//文艺评论.—2007,(6).—92~93

1843　满族民间刺绣在锦州/杨金会,郭庆权//锦州日报.—2007.4.24

1844　民俗中的神话:满族面具/阮凤文,张永鉴,王茵//牡丹江日报.—2007.11.2

1845　晚清满族云纹、水纹图形研究/曹霞//美苑.—2007,(5).—89~90

1846　岫岩满族民间刺绣:疏能跑马密不透风/萧忠伟,雷玲//鞍山日报.—2007.6.13

1847　医巫闾山满族剪纸/王光,汪秀霞//民间文化论坛.—2007,(1).—110

1848　丰宁民间剪纸中的满族文化和艺术形态/李飞//苏州大学.—2008.3.1

1849　遗存的少数民族民间美术——克东满族刺绣/马振庆,王瑞华//美术大观.—2008,(9).—72~73

1850　薄薄纸片中的大千世界——丰宁满族民间剪纸艺术漫谈/李一白//河北旅游职业学院学报.—2009,(4).—104~107

1851　略论长白山满族民间剪纸的视觉美感/黄千,王晓华//通化师范学院学报.—2009,(6).—1~4

1852　略论长白山满族民间剪纸的视觉美感/黄千,李英睿//美术大观.—2009,(8).—220~221

1853　满族刺绣与非物质文化遗产的保护/王焯//满族研究.—2009,(4).—100~102

1854　满族剪纸/曹保明//中国民族报.—2009.11.20

1855　满族剪纸艺术在雕塑视觉中延展/宋学智//文艺争鸣.—2009,(12).—157~158

1856　满族民间剪纸的造型特点与装饰语意探究/陆南//吉林艺术学院.—2009.5.1

1857　满族撕纸少儿传承方式的现状与思考/王宏硕//通化师范学院学报.—2009,(1).—95~98

1858　医巫闾山满族剪纸/宋春颖,潘虹//大众文艺(理论).—2009,(21).—223

1859 医巫闾山满族剪纸艺术中的女性审美映射/杨天舒//大众文艺（理论）.—2009,（12）.—190~191

1860 医巫闾山满族剪纸中的人物表现艺术/杨天舒//美术大观.—2009,（6）.—74

1861 医巫闾山满族民间剪纸的现状何以式微/刘贲,刘国武,陈永岗//辽宁工业大学学报（社会科学版）.—2009,（4）.—48~51

1862 医巫闾山满族民间剪纸色彩的咏叹调/刘贲,杨天舒,刘国武//辽宁工业大学学报（社会科学版）.—2009,（3）.—57~59+63

1863 医巫闾山满族民间剪纸文化观研究/刘国武,刘贲//青海师范大学学报（哲学社会科学版）.—2009,（2）.—94~97

1864 医巫闾山满族民间剪纸造型体系研究/刘国武,刘贲//辽宁工业大学学报（社会科学版）.—2009,（3）.—60~63

1865 关东满族剪纸概说/孙希武//艺术与设计（理论）.—2010,（7）.—278~280

1866 寄满族剪纸于国画创作扬国画创作于民间文学——闾山满族剪纸与闾山民间文学的深刻结合与有机交融/于爱红//大众文艺.—2010,（5）.—203

1867 锦州满族刺绣的造型观探薇/陈永岗//辽宁工业大学学报（社会科学版）.—2010,（2）.—74~76

1868 锦州满族民间刺绣的区域性价值研究/陈永岗//西北大学.—2010.6.30

1869 锦州满族民间刺绣造型形态释义/刘贲//辽宁工业大学学报（社会科学版）.—2010,（2）.—71~73

1870 觉解锦州满族民间刺绣的视觉审美意向/刘贲,杨树林,陈永岗//辽宁工业大学学报（社会科学版）.—2010,（1）.—71~73

1871 流变中的非物质文化遗产——长白山地域影响下满族剪纸表现手法的传承与发展/王纪//内蒙古大学艺术学院学报.—2010,（4）.—19~26

1872 论满族传统剪纸艺术对现代设计本土化的影响/张春艳//通化师范学院学报.—2010,（9）.—62~64

1873　满族刺绣纹样起源考证与研究/张成义,周松林,刘昌盛//美术.—2010,(8).—110～111

1874　满族剪纸//满族研究.—2010,(1).—106

1875　满族剪纸"剪"出美好明天/邸铭旭//友报.—2010.5.14

1876　满族面具艺术的文化内涵及审美特征研究/陈佳//华夏文化.—2010,(3).—42～44

1877　满族撕纸技法探讨/张杰//中国民间文化艺术之乡建设与发展初探:中国民族摄影艺术出版社.—2010.—404

1878　浅述满族剪纸的传承/张杰//中国民族摄影艺术出版社.—2010

1879　浅析丰宁满族民间剪纸的成因/鲍岩民,王欣欣//时代文学(上).—2010,(3).—228～229

1880　萨满教文化中的满族剪纸/关云德//中国民族摄影艺术出版社.—2010

1881　东北二人转在满族枕头顶刺绣中的艺术展现/王纪//社会科学战线.—2011,(4).—117～119

1882　非物质文化遗产传承保护之成功个案——长白山满族民间剪纸发现、挖掘、传承保护研究/王纪//通化师范学院学报.—2011,(3).—61～64+69

1883　满族婚俗家饰品设计研究/张炜炜//江南大学.—2011,(8)

1884　满族萨满乐器造型设计美学研究/付璐//文艺争鸣.—2011,(6).—106～109

1885　满族枕顶绣研究——以辽东学院柞蚕丝绸与满族服饰博物馆馆藏为例/曾慧//辽东学院学报(自然科学版).—2011,(2).—128～135

1886　满族枕头顶刺绣中的二人转//社会科学战线.—2011,(4).—285

1887　长白山满族剪纸:剪出多彩世界/杨济宾//吉林日报.—2012.—1

1888　长白山满族剪纸的造型与流变/王纪//中国美术馆.—2012,(4).—88～92

1889　对传统的回望与消费——当代语境下的满族萨满教美术/宋小飞//2012年中国艺术人类学年会暨国际学术研讨会论文集(第三部分).—2012.—10

1890　丰宁满族剪纸在礼仪民俗中的体现/王海燕//神州.—2012,(30).—25

1891　河北丰宁满族自治县剪纸艺术传承与保护/门泽琪//中央民族大学.—2012,(10).—64

1892　吉林满族传统绣品中的民俗文化/吕萍//满族研究.—2012,(2).—84~89

1893　辽宁满族地域文化和海洋时尚文化相结合的特色工艺品设计研究/包荣华//艺术教育.—2012,(3).—156

1894　满族传统居室装饰元素在现代室内设计中的应用与传承/陶瑞峰,张艳姝//时代文学(下半月).—2012,(12).—221~222

1895　满族吉祥图案在都市文化语境下的审美嬗变及其成因研究/霍思元//西南大学.—2012,(9).—65

1896　满族民间刺绣的艺术特征与意蕴/刘荣超//山西大学.—2012,(10).—45

1897　满族民间刺绣花鸟鱼虫的绣法/周喜峰//满语研究.—2012,(2).—124~128

1898　满族民间剪纸图案表现技法探究/刘艾莹,赵俊学,王宁宁//山西建筑.—2012,(34).—243~244

1899　浅谈满族民间刺绣的特色/王旭东//包装世界.—2012,(4).—6~7

1900　清代紫禁城坤宁宫仿沈阳清宁宫室内格局及陈设的意义/李军//中国紫禁城学会论文集第八辑(上).—2012.—7

1901　岫岩满族剪纸盛开在满乡山野的艺术奇葩/高开升//鞍山日报.—2012.—3

1902　医巫闾山满族剪纸的符号意义与市场践行/刘国武//辽宁医学院学报(社会科学版).—2012,(4).—143~144

1903　伯都讷满族美术文化略谈/赵蔚//芒种.—2013,(16).—251~252

1904　从满族民间剪纸艺术特点看其装饰形式/刘静//西北民族大学.—2013,(5).—42

1905 东北满族剪纸的民俗性与艺术性/苏明哲,潘驰宇//大舞台.—2013,(11).—243~244

1906 对岫岩满族自治县满族剪纸艺术的考察与研究/刘也//沈阳大学.—2013,(4).—64

1907 对医巫闾山满族剪纸保护与传承的几点思考——写在中波文化交流展后/敬彪//大众文艺.—2013,(19).—60

1908 丰宁满族民间剪纸中的文化意蕴/任东,张兴全//美术教育研究.—2013,(18).—29

1909 抚顺满族十二生肖剪纸/白素菊//神州民俗(通俗版).—2013,(6).—27

1910 关云德剪纸艺术的萨满情结/杨峰//2011-2013中国民间文化艺术之乡全集.—2013.—2

1911 锦州满族民间刺绣:传统工艺的市场突围/曹洋//文化月刊.—2013,(4).—66~69

1912 辽宁满族剪纸艺术中的造型特点与审美意蕴/徐艺//美术教育研究.—2013,(8).—35

1913 辽宁满族文化和海洋时尚文化相结合的特色工艺品设计美学研究/包荣华//美术大观.—2013,(7).—70

1914 辽宁民间剪纸艺术中的满族风情/徐艺//剑南文学(经典教苑).—2013,(1).—144

1915 论满族民间剪纸的装饰语意/陆南//美术大观.—2013,(7).—56~57

1916 洛可可与清代满族装饰艺术关联探析/李清振//贵州民族研究.—2013,(6).—181~183

1917 满族传统艺术形式对当代艺术创作的影响/焦学震//东北师范大学.—2013,(2).—25

1918 满族传统装饰在现代主题酒店设计中的应用/陶瑞峰,曹松柳//边疆经济与文化.—2013,(9).—149~150

1919　满族剪纸/曾闻//今日民族.—2013,(10).—51

1920　满族民间剪纸的艺术特征研究/陈烨,李赐生,刘林,吴永华//家具与室内装饰.—2013,(1).—82~83

1921　满族民间剪纸艺术在室内设计中的运用/陈烨//中南林业科技大学.—2013,(9).—73

1922　满族民间剪纸造型的特点/陆南//美术大观.—2013,(6).—77

1923　满族民间剪纸装饰纹样造型研究/刘艾莹//东北林业大学.—2013,(3).—57

1924　满族萨满器物美术及其价值/宋小飞//满语研究.—2013,(2).—76~79

1925　满族萨满文化背景下的东北家具/姜海叶,朱毅,魏靖琳//山西建筑.—2013,(24).—223~224

1926　满族文化在现代园林中的应用/李建妹,潘冬梅,陈海亮//中国园艺文摘.—2013,(2).—107~108+141

1927　满族装饰纹样中的萨满文化元素研究/冯丽莎//齐齐哈尔大学.—2013,(1).—54

1928　浅论铁岭满族剪纸艺术/李树先//大众文艺.—2013,(1).—23

1929　浅谈东辽满族剪纸的发展与繁荣/张俏平//2011-2013中国民间文化艺术之乡全集.—2013.—2

1930　浅谈满族剪纸在通化县的发现、发展及发挥/蒋国林//神州.—2013,(1).—25

1931　浅析东北地区满族传统民居窗的艺术与构造特点/汤煜,马福生//宁波保国寺大殿建成1000周年学术研讨会暨中国建筑史学分会2013年会论文集.—2013.8.22

1932　谈新宾满族传统村落中的民间艺术特色/姜勇,吕焰//艺术研究.—2013,(2).—70~71

1933　图像学视野下的民间艺术——东北满族枕顶绣式样与满汉文化融合/李晥//美术大观.—2013,(2).—52~53

1934　未识何人传妙制;做得荷包巧天工 清宫荷包制作技艺复原/马国瑞//紫禁城.—2013,(8).—137~144

1935　析清代紫禁城坤宁宫仿沈阳清宁宫室内格局及陈设的意义/李军//文物世界.—2013,(6).—32~35

1936　新宾满族民间艺术在满族传统村落中的历史价值/姜勇//满族研究.—2013,(1).—108~110

1937　张春颖:别具一格的满族剪纸艺术/杨峰//2011-2013中国民间文化艺术之乡全集.—2013.—399

八、社会与民族

（一）社会状况

1. 社会性质及阶层

1938　满族未统治中国前的社会形态 / 张维华 // 文史哲. —1954,（10）.—38~48

1939　从"诸申"身份的变化看入关前满族的社会性质 / 周远廉 // 社会科学辑刊. —1979,（1）.—115~126

1940　满族入关前社会性质初探 / 何溥滢 // 社会科学辑刊. —1979,（3）.—112~124

1941　清入关前满族的社会性质 / 李鸿彬 // 社会科学辑刊. —1979,（2）.—120~127

1942　入关前满族的社会性质 / 周远廉 // 中央民族学院学报. —1980,（1）.—16~26

1943　再论满族入关前的社会性质 / 赵展 // 东北师大学报. —1980,（4）.—13~22

1944　满族入关前社会性质讨论综述 / 张璇如 // 民族研究. —1982,（6）.—42~50

1945　清末满族社会特点初探 / 郑川水 // 学术月刊. —1982,（2）.—60~66

1946　桦树与满族生活的关系 / 刘世哲 // 中央民族学院学报. —1983,（1）.—27

1947　论早期满族社会的首告问题 / 郭成康 // 历史档案. —1984,（2）.—83~90

1948　满族的物质生活 / 刘世哲 // 民族学研究第六辑：民族出版社. —1985.—345~359

1949　北京市海淀区火器营满族社会调查报告 / 北京市社会学会中央民族学院民族研究所北京市民族事务委员会联合调查组 // 满族研究. —1988,（1）.—89~93+83

1950　清朝初创时期的满洲民族生活 / 柴三九男，金默玉 // 满语研究. —1989,（2）.—123~125+135

八、社会与民族

1951　满族入关前生活方式变化的历史思考 / 马涉湘 // 社会科学辑刊. —1991, (1). —93~98

1952　试论满族的等级制度 / 吴兴尧 // 黑龙江民族丛刊. —1991, (4). —50~53

1953　满族妇女传统性格之我见 / 王冬芳 // 满族研究. —1994, (3). —43~45

1954　努尔哈赤时代的阿哈 / 阎立新 // 满族研究. —1994, (3). —32~34

1955　有关满族入关前社会性质的几个问题 / 姜相顺 // 满族研究. —1994, (1). —20~26

1956　满族早期社会的特点 / 祁美琴 // 内蒙古社会科学（文史哲版）. —1995, (6). —60~65

1957　明代初期建州女真的社会形态 / 蒋维忠 // 满族研究. —1995, (1). —8~16

1958　研究满族在社会变革中的发展史　探讨民族发展进步的规律 / 王连芳 // 民族工作. —1995, (2). —36~37

1959　乾隆时满族统治阶级的腐朽与"八旗生计" / 刘德鸿 // 满学研究（第三辑）：民族出版社. —1996. —172~194

1960　清朝满族社会的变迁及其史料 / 王钟翰 // 中国文化. —1996, (1)

1961　昭陵"舅姨子孙"、"千丁人夫"及"食辛者库人"简述 / 陆海英 // 满族研究. —1996, (4). —28~32

1962　论清入关前满族妇女在婚姻、家庭和社会中的地位 / 乔天碧 // 社会科学辑刊. —1998, (3)

1963　论清代满族四种社会群体的形成 / 赵展 // 中央民族大学学报. —2001, (1). —66~73

1964　浅论入关前满族社会的文化特色 / 牛海桢, 李晓英 // 甘肃教育学院学报（社会科学版）. —2001, (3). —67~71

1965　浅论入关前满族社会的文化特色 / 牛海桢, 李晓英 // 黑龙江民族丛刊. —2001, (3). —93~97

1966　《柳边纪略》的东北文化史价值——十七世纪中后期满族人的社会生

活图景/何宗美//社会科学战线.—2002,(3).—162~165

1967　论早期满族社会中的低龄早熟现象/胡世杰//满族研究.—2002,(2).—54~61

1968　满族社会封建化问题浅析/赵令志//宁夏社会科学.—2002,(5).—98~103

1969　论满族文化先驱——巴克什/张丹卉//史学集刊.—2004,(1).—21~27

1970　成都满族社会历史文化变迁/张利//满族研究.—2005,(4).—77~84

1971　伦理情境下的博弈、仪式与象征——关于清朝中晚期士绅和庶民生活的个案研究/杨政//社会.—2005,(6).—191~209

1972　略论明末辽东满族社会生活的变迁/王素香//满族研究.—2006,(1).—57~62

1973　清代笔帖式之特色/赵郁楠//满族研究.—2006,(4).—59~68

1974　《红楼梦》再现满族统治者役使奴婢之残酷/夏桂霞,夏航//中央民族大学学报(哲学社会科学版).—2007,(3).—97~104

1975　从奴婢看金代女真人社会形态性质/宋立恒//满语研究.—2007,(2).—74~77

1976　论八旗入关前民族人口的迁徙集结及其作用/张佳生//满族研究.—2007,(3).—46~63

1977　满族家庭生活教育概说/刘国石,刘颇//北华大学学报(社会科学版).—2007,(5).—39~43

1978　明代满蒙市场需求及文化、社会组织的相同特点/白初一//中央民族大学学报(哲学社会科学版).—2007,(1).—46~53

1979　清代吉黑地区满洲旗人生存状况研究/付永正//西北民族大学.—2007.4.1

1980　人与自然和谐视野中的满族生活形态及其影响/赵越//满族研究.—2007,(1).—94~99

1981　忠义村满族守陵人后裔生活现状与发展调查研究/明宏伟,马宏,陶亚,

兰建华//满语研究.—2007,（1）.—132~140

  1982 清代宫廷生活简论/刘中平//满族研究.—2008,（2）.—57~64

  1983 陈汉军张氏萨满探析/刘红彬//满族研究.—2009,（1）.—80~82

  1984 清朝的人口迁移及其社会经济影响/袁城,蔡莉//满族研究.—2009,（3）.—36~40

  1985 清代成都满族旗人生活/陈玮//寻根.—2009,（6）.—105~109

  1986 清代子弟书的诞生同八旗子弟生活方式的关系/冷纪平,郭晓婷//满族研究.—2009,（4）.—67~75

  1987 从"满族说部"看母系氏族社会的形成、发展与解体/杨春风//社会科学战线.—2010,（9）.—144~148

  1988 论道光朝前期驻防八旗生计问题/郭福亮//五邑大学学报（社会科学版）.—2010,（4）.—50~53+92

  1989 满族守陵人后裔的现状与发展研究/阎蕾//中央民族大学.—2010.5.1

  1990 乌鲁木齐满族社会的变迁/董霞,马婷//黑龙江史志.—2010,（3）.—36~37

  1991 "驱逐鞑虏"后的京旗满族形象建构/陈静//河北师范大学.—2011.4.7

  1992 旗民与满汉之间：清代"随旗人"初探/定宜庄,邱源媛//清史研究.—2011,（1）.—69~77

  1993 从北京白话报看民国初期北京旗人社会/阿部由美子//满学论丛[第三辑]：辽宁民族出版社.—2012.12.—262~274

  1994 东北大秧歌变迁视野下的社会关系重构/曲贵卿//2012年中国艺术人类学年会暨国际学术研讨会论文集（第三部分）.—2012.—473~477

  1995 赫舍里氏"巴克什"家族与清初政治文化/常越男//云南师范大学学报（哲学社会科学版）.—2012,（4）.—32~39

  1996 晚清兴京旗人社会生活述略/王洋//辽宁大学.—2012.5.1

  1997 论努尔哈齐时代的gucu"古出"/孙浩洵//满语研究.—2013,（2）.—110~116

1998 清代北京旗民分城而居政策的实施及其影响/赵寰熹//中国历史地理论丛.—2013,(1).—134~143+157

1999 清代新疆满族社会生活研究/姜宇//新疆大学.—2013.5.27

2000 清入关前巴克什群体研究/邱实//东北师范大学.—2013.5.1

2. 人口、村落

2001 试述塔哈河流域达斡尔族、满族村屯名称及其简要历史/敖乐奇//黑龙江民族丛刊.—1990,(3).—72~73

2002 满族人口的发展及其构成特征/刘庆相,王元清//人口与经济.—1991,(3).—47~49+35

2003 略谈满族人口的历史演进及其特征/刘庆相//人口学刊.—1995,(5).—34~38

2004 论清代满族四种社会群体的形成/赵展//第二届国际满学研讨会论文集(上):民族出版社.—1999.—64~82

2005 清代黑龙江人口资料评介/吴雪娟,刘淑珍//满语研究.—2000,(2).—125~129

2006 发现五百年前的满族"瓮村"/景奇,司成钢//辽宁日报.—2004.12.28

2007 苏拉宫与伊犁满族/王克之//中国地名.—2004,(6).—14~15

2008 苏拉宫与伊犁满族/王克之//亚洲中心时报(汉).—2004.12.16

2009 清末奉天省安图县迁旗始末/赵丽艳//满族研究.—2006,(1).—82~86

2010 江南满族第一村/杜小军,陈钦玉,林德兴//政协天地.—2009,(Z1).—90~92

2011 清代满族人口和婚姻初探——以《图们世谱》为例/王海洋//大连民族学院学报.—2012,(6).—543~545+636

2012 探访新疆满族村落"苏拉工"/张春海//中国社会科学报.—2012.5.4

2013 新疆最后一个满族村落见闻/楼望皓//新疆人文地理.—2012,(4).—18~23

2014 丹东地区满族村落的形成与命名/张其卓//丹东日报.—2013.11.29

2015　浅谈满族传统村落调查与保护的急迫性——以辽宁省新宾县为例/姜勇//小说评论.—2013,(S1).—348~350

2016　谈福建琴江满族村的特色及开发/田梅霞//山西建筑.—2013,(35).—5~6

2017　新宾满族传统村落的分布及其非物质文化遗产现状调查/吕焰,崔殿钧,王兴,钟华//辽宁师专学报(社会科学版).—2013,(3).—138~140

3.女性

2018　满族妇女像/韦尔申//美苑.—1986,(6).—39

2019　清代满族妇女的生活/张威//中国典籍与文化.—1994,(3).—76~80

2020　早期满族妇女在家庭中的地位/王冬芳//辽宁大学学报(哲学社会科学版).—1994,(5).—67~68+60

2021　有关满族妇女史研究的几点思考/定宜庄//第二届国际满学研讨会论文集(上):民族出版社.—1999.—382~395

2022　贞节、个性与才干:论清朝入关后满族妇女的变化和特点/定宜庄//浙江学刊.—2001,(6).—120~124

2023　满族妇女与信仰民俗/周虹//民间文化论坛.—2004,(6).—47~53

2024　文化与自我——清代满族女性家庭地位特点的人类学阐释/李晶//大连民族学院学报.—2004,(6).—14~18

2025　满族家谱对女性的记载及其社会史史料价值/杜家骥//中国社会历史评论.—2006.—75~84

2026　清代满族女性家庭地位特点的人类学阐释/李晶//中华女子学院山东分院学报.—2007,(2).—27~31

2027　解读满族祭祀中的女性/徐立艳//黑龙江民族丛刊.—2010,(5).—157~160

2028　子弟书中满族女性形象研究/王美雨//芒种.—2012,(6).—185~186

2029　满族文化中的女性观/李颜丽//吉林艺术学院.—2013.5.1

（二）生活习俗
1. 综述

2030　嫩江平原上的满族习俗/暴云和//中国民族.—1981,（6）.—49

2031　《热河日记》与满族民俗/吴绍釚//延边大学学报（社会科学版）.—1984,（2）.—106~115

2032　满族民俗二题/宁昶英//青海社会科学.—1984,（5）.—103~104+102

2033　广州满族的风俗习惯/汪宗猷,李国//广州研究.—1985,（1）.—58~61

2034　金初女真习俗与满族早期习俗的传承关系/刘世哲//辽宁大学学报（哲学社会科学版）.—1985,（6）.—62~66

2035　旗人风俗概略/鲍奉宽//满族研究.—1985,（2）.—83~89

2036　满族风情/舒展//黑龙江民族丛刊.—1986,（3）.—42~46

2037　女真和满族的飞骑射柳习俗/陈会学//黑河学刊.—1988,（3）.—92

2038　东北民俗与满族风俗/陈伯霖//黑龙江民族丛刊.—1989,（2）.—74~76+73

2039　满族风情荟萃/王来春//中国民兵.—1989,（10）.—46

2040　青州的满族风俗和旗城博物馆/杨和中//民俗研究.—1989,（1）.—41~42+44

2041　时尚土风朝暮改——《草珠一串》所记清代后期嬗变中的满族习俗/张菊玲//中央民族学院学报.—1989,（3）.—83~85

2042　满族民间文学中的信仰习俗/汪丽珍//中央民族学院学报.—1990,（3）.—88~91

2043　满族民俗与满族民歌/杨久盛//乐府新声（沈阳音乐学院学报）.—1990,（4）.—22~27

2044　清代满族游艺风俗述略/杨英杰//辽宁师范大学学报.—1990,（6）.—75~81

2045　清代满族渔猎风俗述略/杨英杰//北方文物.—1992,（2）.—65~70

2046　从取名看满族入关后之习俗与文化/杜家骥//清史研究.—1993,（2）.—

37~46

2047　敬柳观念的多元性——谈满族的射柳习俗/宁昶英//内蒙古教育学院学报.—1993,(Z1).—118~120

2048　满族风俗传说概论/广陵//满族研究.—1993,(4).—61~71

2049　满族人的采蜜习俗/王守刚//蜜蜂杂志.—1993,(3).—24~25

2050　满族的"白挂签"/王纯信//社会科学战线.—1994,(6).—71

2051　满族的"落草"之俗/王宏刚//社会科学战线.—1994,(6).—232

2052　满族"祈子"习俗的文化背景及其形态/江帆//民间文学论坛.—1995,(2).—45~51

2053　满族采珠习俗/王宏刚//社会科学战线.—1995,(6).—204

2054　满族发祥的摇篮——新宾满族家族民俗背景探查/乌丙安//民间文学论坛.—1995,(3).—6~16+43

2055　满族渔俗/王宏刚//社会科学战线.—1995,(3).—282

2056　满族风俗文化概观/杨立新//吉林师范学院学报.—1996,(1).—22~24

2057　纳兰性德词中满族风情/韩莓//中南民族学院学报（哲学社会科学版）.—1996,(1).—93~95

2058　京味文化中的满族风俗/赵杰//北京社会科学.—1997,(1).—91~97

2059　承德满族民俗探源/李景瑞,铁男//满族研究.—1998,(4).—63~67

2060　论满族岁时习俗/卢光//黑龙江民族丛刊.—1998,(4).—100~103

2061　中国满族民俗风情/杨丽辉//东北亚论坛.—1998,(2).—93

2062　承德满族生活习俗探源/李景瑞,铁男,胡忠敏//承德民族师专学报.—1999,(1)

2063　满族古俗五则/裴立扬//满族研究.—1999,(1).—57~59

2064　满族乡情浓似酒/高守信,张平生//歌海.—2000,(1).—19~20

2065　论蒙古与通古斯熊传说的有关习俗内涵/满都呼//满语研究.—2001,(1).—96~102

2066　满族风情/孙朝霞,王志国//中国档案报.—2001.12.21

2067　满族人的榆柳木杆、皮革和野花枝/富育光//现代交际.—2001,(9).—30

2068　满族睡扁头习俗探讨/宋兆麟//中央民族大学学报.—2001,(2).—45~48

2069　谈《红楼梦》中满族旧俗/富育光//红楼梦学刊.—2001,(3).—48~60

2070　满族风俗对京郊地区的影响/张秀荣//北京文物与考古第五辑:北京燕山出版社.—2002.—299~305

2071　乌拉街满族风情录/江山//人民日报海外版.—2002.10.9

2072　承德地区满族生活习俗探究/庞凤芝//承德民族职业技术学院学报.—2003,(2).—35~36

2073　满族春日崇柳、娱柳俗/施立学,赵振民//吉林日报.—2003.3.29

2074　趣话满族元宵习俗/施立学//吉林日报.—2003.2.15

2075　满族的"讲古"/曹保明//吉林日报.—2004.8.28

2076　满族风俗/李娜//新疆地方志.—2004,(3).—42~43+56

2077　满族习俗十二"怪"/王洪宝//黑龙江日报.—2004.4.15

2078　满族习俗十二"怪"(三)/王洪宝//黑龙江日报.—2004.4.22

2079　满族习俗十二"怪"(一)/王洪宝//黑龙江日报.—2004.4.8

2080　缠足风习与满族马蹄底鞋源起考述/孙彦贞//中国历史文物.—2005,(3).—53~60+97

2081　努尔哈赤与满族风俗传说/于莲//兰台世界.—2005,(4).—57

2082　试论满族生活习俗对北京地区的影响/张秀荣//北方文物.—2005,(1).—85~88

2083　关东满族年俗/黄岚,王沫//中国文物报.—2006.1.25

2084　康乾时期燕行使眼中的满族习俗/赵兴元//满族研究.—2007,(2).—83~90

2085　论《红楼梦》文本中的满族风俗/阎丽杰//满族研究.—2007,(1).—105~108

2086　满族民俗传承情况调查报告——以对西南民族大学在校满族同学的调查为例/梁音//康定民族师范高等专科学校学报.—2007,(2).—25~28

2087　小荷包装着满族民俗/王臻青//辽宁日报.—2007.8.6

2088　《红楼梦》与满族习俗/赵志忠//明清小说研究.—2008,(2).—125~139

2089　《那桐日记》中清末京旗满俗拾零/佟悦//满族研究.—2008,(2).—44~51

2090　民俗·满族·图像/沙海英//中华读书报.—2008.9.24

2091　浅析满族风俗的变迁——黑龙江省黑河市爱辉区调查/吴敏//满族研究.—2008,(3).—94~99

2092　清代吉祥图案中体现的满族民俗表意方式/夏佳,林景扬,余杨//电影评介.—2008,(19).—83

2093　《红楼梦》满族风俗研究之我见/吴松林//绥化学院学报.—2009,(5).—75~78

2094　黑龙江宁安满族"跳玛虎"和"玛虎戏"/长白雁//中华艺术论丛.—2009.—369~372

2095　满族风情//黑龙江民族丛刊.—2009,(2).—195+193

2096　民俗生活场域中的满族风俗与东北作家群创作/阎丽杰//满族研究.—2009,(1).—96~100

2097　《红楼梦》的满族习俗研究/吴松林//中央民族大学.—2010.4.1

2098　长白山与满族的狩猎习俗/王明霞,关露,刘英超//黑龙江民族丛刊.—2010,(6).—124~128

2099　皇太极的鹿角椅透出满族狩猎风俗//东方收藏.—2010,(5).—92~93

2100　满族家族结构与功能变迁下的家族民俗/杨瑞雪//内蒙古师范大学.—2010.5.15

2101　浅谈长白山区满族的传统民俗/杨烈//吉林广播电视大学学报.—2010,(9).—111~113

2102 浅析可作为旅游资源开发的满族民俗/陈楠,王莹//新西部(下旬.理论版).—2011,(8).—130~131

2103 长白山"巴拉人"生活与文化习俗考略/张林,孙颢//满族研究.—2012,(2).—90~94

2104 对伊通满族自治县民俗传承情况的调查报告/刘畅,赵一璠,李雨阳//才智.—2012,(27).—173

2105 关东山,又一怪 烟囱安在房子外/王耀辉//新长征(党建版).—2012,(11).—61

2106 吉林地区满族民俗与满族仪式音乐研究/田小书,樊右伟//民族音乐.—2012,(4).—23~24

2107 辽宁省满族民俗资源的特征及价值研究/金丽//沈阳师范大学学报(社会科学版).—2012,(5).—10~11

2108 满族风情/包民杰//岁月.—2012,(3).—98

2109 满族农耕习俗与长白山/王明霞,李婧,吴天颖//黑龙江民族丛刊.—2012,(4).—103~107

2110 满族尚白艺术形式美解读/阎丽杰,左宏阁//北方民族大学学报(哲学社会科学版).—2012,(2).—79~82

2111 浅论满族传统禁忌习俗及其现代社会功能/杨晗//黑龙江民族丛刊.—2012,(3).—147~151

2112 试析满族的生活习俗/李孟玲//河北民族师范学院学报.—2012,(1).—94~95

2113 《儿女英雄传》满族民俗研究/赵斯琴//南昌大学.—2013.5.16

2114 《红楼梦》中的清代满族游艺习俗/白燕//神州民俗(通俗版).—2013,(5).—70~73

2115 东北满族的睡扁头习俗起源及其利弊初探/黄明乐//科技视界.—2013,(10).—205

2116 黑瞎子上炕 吉林乌拉火锅/林岩//饮食科学.—2013,(5).—45

2117　辽宁省满族民俗资源旅游开发策略研究/金丽//生产力研究.—2013,（1）.—124～125+150

2118　满族风俗与文化旅游开发设想/赫潇//黑龙江档案.—2013,（4）.—140

2119　满族美容撷萃/马长春,方彦成//中医药文化.—2013,（2）.—30～31

2120　满族民俗//中国地名.—2013,（5）.—96～99

2121　满族习俗与满族剪纸/穆国夫//文化月刊.—2013,（7）.—98～101

2122　岫岩满族民间剪纸的根基——满族习俗/刘仁智//大众文艺.—2013,（20）.—48

2.饮食服饰

2123　满族风味糕点"萨其玛"/刘守刚//中国民族.—1981,（6）.—45

2124　从《红楼梦》谈满族服饰/王云英//红楼梦学刊.—1982,（1）.—223～233

2125　从康熙东巡的膳食用品看满族的生活习俗/王佩环//满族研究.—1985,（1）.—85～89

2126　话说旗袍/姞纡//满族研究.—1985,（1）.—18

2127　金代女真族食俗窥略/吴正格//满族研究.—1986,（3）.—77～78

2128　满族寿宴小议/育光//社会科学战线.—1986,（3）.—223

2129　清代满族食俗/吴正格//满族研究.—1987,（4）.—74～79

2130　白肉片——满族风俗肉//新农业.—1989,（12）.—9

2131　满族、赫哲族不食狗肉略考/高君//黑龙江民族丛刊.—1989,（3）.—79

2132　满族与蜜蜂/王守刚//蜜蜂杂志.—1990,（2）.—11

2133　满汉全席研究/吴正格//满族研究.—1991,（1）.—53～55+21

2134　借鉴与创新——论满族官服的演变/刘建强//廊坊师专学报.—1994,（2）.—69～73

2135　满族服饰与皇权/常晓辉//满族研究.—1994,（3）.—40～42

2136　满族为什么不吃狗肉?/王振宇,尹兰梅//北京工人.—1994,（8）.—37

2137　满族衣食住风俗述略/范彬//满族研究.—1994,（1）.—45～47

2138　满族与蜜蜂史话/王守刚//中国养蜂.—1994,(3).—29~30

2139　满族茶道/王宏刚//社会科学战线.—1995,(2).—173

2140　满族的酒文化/王宏刚//社会科学战线.—1995,(2).—166

2141　满族风俗食谱点滴/潘瑾筠//武汉文史资料.—1995,(1).—162~164

2142　清宫朝珠与满族东珠/张淑芝//满族研究.—1995,(2).—39~42

2143　"靰鞡"溯源/袁辉//满族研究.—1996,(2).—40~41

2144　满族饮食节令性特点的表现及成因/宋全,李自然//黑龙江民族丛刊.—1996,(3).—96~101

2145　从努尔哈赤在老城的穿戴谈起/王云英//满族研究.—1997,(4).—63~65

2146　略论满族民俗旅游对传统食品的开发/曹阳,张伟宏//满族研究.—1997,(4).—66~69

2147　浅谈满族狩猎生计方式对其饮食文化的影响/李自然//黑龙江民族丛刊.—1997,(1).—79~81

2148　趣话满族的衣食住行/楼望皓//新疆人大.—1997,(1).—36~37

2149　早期满族妇女的服装/王冬芳//中国历史博物馆馆刊.—1997,(1).—81~86

2150　满族的饮食/韩作富//兰台内外.—2000,(2).—62~63

2151　满族饮食与吉菜/孙利生//吉林日报.—2000.10.24

2152　清代宫廷饮食礼俗初探/侯瑞秋//满族研究.—2000,(4).—43~47

2153　鲁家半勺菜 满族一盘香/王喜太,邢德生//光彩.—2001,(4).—22~23

2154　清代的朝珠与数珠/朴文英//满族研究.—2001,(1).—59~60

2155　弘扬满族酒文化续写品牌新华章/文牛//税务.—2002,(7).—28~29

2156　论清入关前宫廷筵宴/张汉杰//满族研究.—2002,(1).—22~28

2157　满族服饰趣谈/刘颖//草原税务.—2002,(1).—24~25

2158　试论满族入关前饮食文化特点/李自然//黑龙江民族丛刊.—2002,(4).—103~108

2159　满族服饰浅论/孟祥义//黑龙江民族丛刊.—2003,(3).—93~97

2160　满族美食/李想//四川烹饪高等专科学校学报.—2003,(4).—35

2161　清代宫廷衣饰皮毛习俗和发展/冯秋雁//满族研究.—2003,(3).—79~85

2162　从满族风俗看清代民间服饰/王鸣//装饰.—2004,(5).—65

2163　论影响满族先人服饰形成和发展的因素/曾慧,顾韵芬//内蒙古大学艺术学院学报.—2004,(2).—30~33

2164　满族的日常饮食/小记//吉林日报.—2004.7.24

2165　满族先祖服饰的发展演变（上）/曾慧//满族研究.—2004,(4).—50~58

2166　满族饮食/阿东//黑龙江日报.—2004.11.30

2167　清代满、汉服饰的演变与交融/陈东生,周丽艳,尉晓娟//宁波服装职业技术学院学报.—2004,(3).—32~34

2168　以人文科学精神鉴赏和研究满族萨满神歌/吴雪娟//大众文艺出版社.—2004

2169　从民俗中看满族传统服饰/朱剑波//东北电力学院学报.—2005,(3).—46~48

2170　吉林省博物院藏阿勒楚喀副都统家族服饰概述/黄岚,田丽梅//满族研究.—2005,(4).—85~87

2171　满族传统服饰初探/关皓//中央民族大学.—2005.5.1

2172　满族的宫廷膳食/杨锡春//黑龙江日报.—2005.11.24

2173　满族旗袍与马褂/关子//黑龙江日报.—2005.3.14

2174　满族人的吃肉大典/杨锡春//黑龙江日报.—2005.11.17

2175　满族先祖服饰的发展和成熟——满族先祖服饰的发展过程（二）/曾慧//满族研究.—2005,(2).—86~95

2176　清入关后宫廷元旦筵宴述略/李贤淑//满族研究.—2005,(1).—89~94

2177　满族"靰鞡"/孟祥义//北方文物.—2006,(2).—83

2178　宁古塔满族农家压桌小碟/高艳,怡民//黑龙江史志.—2006,(5).—35

2179　浅说满族饮食中的饮品/孟昭发,关治平//黑龙江日报.—2006.7.17

2180　清代满族风俗与《红楼梦》服饰/陈东生,甘应进,周丽艳,覃蕊//太原大学学报.—2006,(3).—8~11

2181　从《醒世画报》看晚清时期的满族民间常服特色/满懿,贾天杰//装饰.—2007,(6).—114~116

2182　继承与发展、碰撞与融合——辽宁省满族民间服饰调查/曾慧//辽东学院学报(社会科学版).—2007,(6).—115~120

2183　论满族服饰的特点及其对中华民族服饰发展的贡献/余梓东,鄢莹//满族研究.—2007,(3).—97~103+118

2184　满族旗人祛暑饮料———酸茶/张显忠//黑龙江史志.—2007,(7).—44

2185　民族学视野下的金代女真服饰研究/曾慧//满族研究.—2007,(2).—77~82

2186　清代满族服饰制度对《红楼梦》服饰的影响/陈东生,甘应进,覃蕊,周丽艳//太原大学学报.—2007,(3).—6~9

2187　谈满族服饰之演变/黄德烈//牡丹江大学学报.—2007,(12).—56~58

2188　研究满族服饰应关照的文化视角/徐万邦//内蒙古大学艺术学院学报.—2007,(1).—3~9

2189　满族民间服饰社会调查/曾慧//黑龙江民族丛刊.—2008,(5).—145~149

2190　清代服饰变化与满汉文化交融/王耘//纺织科技进展.—2008,(6).—108~109

2191　清入关前满族服饰刍议/曾慧//大连大学学报.—2008,(1).—101~104+94

2192　近代开原满族的衣食住行变化/刘威//吉林大学.—2009.4.1

2193　马褂考/李晓君//满族研究.—2009,(2).—124~128

2194　满族服饰在现代服装设计中继承与发展的文化特征/温兰//满族研

究.—2009,（2）.—108~110

2195 清代满族妇女服饰美学研究/莫艳//艺术探索.—2009,（1）.—52~53+55+166

2196 萨满文化对满族服饰影响研究/孙雅致//江南大学.—2009

2197 试论沈阳故宫博物院院藏朝珠/栾晔//满族研究.—2009,（2）.—118~123

2198 《儿女英雄传》中的服饰研究（上）/曾慧//满族研究.—2010,（1）.—80~83

2199 长白山满族大酱文化考论/王纯信,王纪,王全//通化师范学院学报.—2010,（3）.—29~32

2200 东北满族饮食民俗的象征阐释/李鹏,潘华//经济研究导刊.—2010,（27）.—239~240

2201 京剧服饰审美中的满族意识/彭静//宜春学院学报.—2010,（11）.—98~100

2202 满清冠饰与森严的等级制度/陈吉光//浙江纺织服装职业技术学院学报.—2010,（4）.—43~48

2203 满族传统美食——大酱/孙立军//满族研究.—2010,（4）.—65~66

2204 满族的树皮蓑衣/关云德//吉林日报.—2010.4.29

2205 满族忌食狗肉原因考/李自然//黑龙江民族丛刊.—2010,（3）.—79~81

2206 旗袍设计传承满族旗装元素的研究/高明君//东北师范大学.—2010.3.1

2207 浅析历史地理环境与满族服饰关系/杜晶,孙合秀//黑龙江史志.—2010,（15）.—151+161

2208 浅析满族服饰色彩特点与服装设计应用/李蕊//社科智库电子音像出版社.—2010

2209 清代满族女子服饰的变迁/孔维艳//中国民族.—2010,（12）.—50~51

2210 小说《儿女英雄传》中的服饰研究（下）/曾慧//满族研究.—2010,

（3）.—76~81

2211 浅析入关前后满族服饰的审美变迁/梁科//多维视野下的清宫史研究——第十届清宫史学术研讨会论文集：现代出版社.—2013.1.—376~392

2212 清代哈密维吾尔族长袍与清代满族长袍比较研究/王萍,陈文福//艺术探索.—2011,（2）.—135~136+140

2213 荣王府的另类饮食——奕绘贝勒和夫人顾太清诗词描述的饮食生活/孙其刚//多维视野下的清宫史研究——第十届清宫史学术研讨会论文集：现代出版社.—2013.1.—240~265

2214 从"满汉全席"问题看当代中国食学研究生态/吴昊//书屋.—2012,（3）.—54~56

2215 对比分析满族忌食狗肉习俗的几种解释/徐连栋,史晟男//喀什师范学院学报.—2012,（1）.—39~41

2216 吉林省满族服饰民俗文化研究/丛颖//东北师范大学.—2012.5.1

2217 京剧传统剧目中的"宫装"与满族萨满服饰色彩的比较/吴可,金卓//神州.—2012,（9）.—103

2218 京剧传统剧目中的满族服饰/满懿,陈梦兮//2012年艺术工学与创意产业国际学术会议论文集.—2012.—5

2219 京剧服饰审美中的满族意识与符号意义/彭静//东华理工大学.—2012.6.14

2220 京剧服饰审美中运用满族服饰元素搭配的意义/彭静//南宁职业技术学院学报.—2012,（2）.—22~24

2221 老北京旗人的点心盒子/张柏联//海内与海外.—2012,（12）.—60~62

2222 满汉全席,一餐吃尽中国文化/lavender//旅游世界.—2012,（8）.—74~75

2223 满族氅衣造型结构研究/陆洪兴//艺术设计研究.—2012,（S1）.—37~40

2224 满族传统服装造型结构研究/王淑慧//北京服装学院.—2012.12.1

2225　满族服饰研究（一）/曾慧 // 满族研究. —2012,（2）.—95～100

2226　满族缺襟袍造型结构及功能性研究/王淑慧,赵明 // 艺术设计研究. —2012,（S1）.—23～27

2227　满族先人与镜子/赵庆广 // 满族文学. —2012,（5）.—94～95

2228　满族与蘑菇/佚名 // 满族文学. —2012,（6）.—94～95

2229　美的历程——旗袍/李晓君 // 检察风云. —2012,（20）.—92～93

2230　旗袍的前世今生/袁帅 // 神州. —2012,（16）.—90～93

2231　浅谈中国京剧戏衣中的满族服饰元素/姜昱 // 青年文学家. —2012,（26）.—150

2232　清代东北地区满族饮食习俗考略/黄岚 // 耕耘录：吉林省博物院学术文集 2010–2011. —2012. —215～220

2233　清代宫廷便服综述/殷安妮 // 艺术设计研究. —2012,（2）.—29～36

2234　清代马面裙形制研究/祁姿妤 // 北京服装学院. —2012.12.10

2235　新格、清新与唯美——解析清朝晚期女装色彩装饰/王鸣 // 纪念中国流行色协会成立三十周年:2012中国流行色协会学术年会学术论文集：中国科学技术出版社. —2012.11. —194～198

2236　中国古代服饰文化——清代服装/晓婷 // 中国纤检. —2012,（1）.—55

2237　本溪"八大碗"名不虚传/曲东明 // 侨园. —2013,（10）.—41

2238　浸满母爱的"粘耗子"/常育晶 // 家庭中医药. —2013,（10）.—71

2239　老舍和芥末墩儿/吴迪 // 健身科学. —2013,（8）.—31

2240　论清代服饰的传承与创新/程晓丹 // 新西部（理论版）. —2013,（13）.—109+112

2241　满族"重阳糕"/钱国宏 // 烹调知识. —2013,（12）.—57

2242　满族的传统美食"酸汤子"/徐艳文 // 烹调知识. —2013,（8）.—60

2243　满族风俗图谱（服饰）// 满族文学. —2013,（4）.—2+113

2244　满族风俗图谱（饮食）// 满族文学. —2013,（5）.—2+113

2245　满族服饰研究（二）/曾慧 // 满族研究. —2013,（3）.—57～63

2246　满族服饰演变过程探析/王泽行//艺术研究.—2013,(2).—30~31

2247　满族服饰元素在叙事漫画角色设计中的运用研究/孟醒//内蒙古大学.—2013,(S2).—32

2248　满族贵胄之女格格服装色彩审美研究/王鸣,王诗月//2013中国流行色协会学术年会论文集.—2013.—6

2249　满族萨满神服的款式风格探析/王杨//剑南文学（经典教苑）.—2013,(5).—170

2250　努尔哈赤与黄金肉/刘素平//龙门阵.—2013,(8).—68~72

2251　旗袍/雪静,东城//太湖.—2013,(4).—133~139

2252　旗袍与西装/赵珩//北方人（悦读）.—2013,(5).—54~55

2253　浅谈清朝服饰对现代服饰的影响/时嘉//金田.—2013,(7).—129

2254　浅谈清帝后服饰与满族服饰/阎美光//神州.—2013,(13).—35

2255　浅析满族女子发式演变/姜珊//金田.—2013,(3).—124

2256　清代宫廷服装图案的艺术性探究/刘珊珊//河北大学.—2013.5.1

2257　清代哈密地区维吾尔族与满族服饰装饰图案比较/王萍,陈文福//佳木斯教育学院学报.—2013,(10).—105~106

2258　清代满族官定服饰结构造型中的文化内涵/徐东,鹿新杰//服饰导刊.—2013,(2).—13~16

2259　清前期的皇族旗髻/王柯//美术观察.—2013,(11).—117

2260　透过清代服饰流变看满汉文化融合/王小梦//金田.—2013,(12).—191

2261　中华大宴——满汉全席/文雅//山西老年.—2013,(11).—46~47

3. 居住出行

2262　满族居室古今谈/宁昶英//内蒙古师大学报（哲学社会科学版）.—1985,(4).—82~84

2263　满族居室古今谈/宁昶英//满族研究.—1985,(2).—90~92

2264　长白山区满族民间建筑/王纯信//满族研究.—1987,(2).—95

2265　满族的建筑特色/赵书//中国民族.—1987,(5).—46~47

2266 沈阳故宫建筑满族风格中的佛教特点/吕霁红//满族研究.—1989,（4）.—43～46

2267 满族的居室与建筑/杜若//满族研究.—1992,（2）.—80～88

2268 满族传统水上交通工具——威呼/杨帆//满族研究.—1995,（4）.—79

2269 纳兰家园林与"大观园"/张一民//满族研究.—1996,（1）.—72～74

2270 清代皇家建筑的满族特色/屈六生,黄希明//紫禁城.—1996,（3）

2271 论满族交通习俗/王宏北,王宏刚//黑龙江民族丛刊.—1997,（2）

2272 满族建筑（二）/蒋博光//古建园林技术.—1998,（4）.—37～40

2273 满族建筑（一）/蒋博光//古建园林技术.—1998,（3）.—39～42

2274 满族人的居室/都术艳//兰台内外.—1998,（5）.—64

2275 满族建筑（三）/蒋博光//古建园林技术.—1999,（1）.—21～22

2276 满族建筑（四）/蒋博光//古建园林技术.—1999,（2）.—14～17+9

2277 满族建筑（五）/蒋博光//古建园林技术.—1999,（3）.—18～20

2278 满族建筑初探/金良生//北京建筑工程学院学报.—1999,（1）.—65～72

2279 满族习俗与蒜市口曹雪芹故居/赵书//满族研究.—1999,（4）.—83～87

2280 清代满族房屋建筑的取暖及其文化/刘凤云,周允基//第二届国际满学研讨会论文集（下）：民族出版社.—1999

2281 清代满族房屋建筑的取暖及其文化/刘凤云,周允基//中央民族大学学报.—1999,（6）.—68～74

2282 盛京皇宫满族建筑艺术及斗拱琐谈/梁彦彬//满族研究.—1999,（1）.—78～82

2283 清盛京皇宫建筑的满族风格及演变/张玲玲//大连大学学报.—2000,（5）.—101～104

2284 中国满族民居与宫殿建筑/陈伯超//中国民族建筑论文集：中国建筑工业出版社.—2004.6.—30～37

2285 满族火炕考辨/黄锡惠,王岸英//黑龙江民族丛刊.—2002,（4）.—87～89

2286 满族民居特色/陈伯超//建筑史论文集（第16辑）：清华大学出版社.—2002.6.—141~152+300

2287 试论阿尔泰语系各族民居内部格局的相通性/唐戈//满语研究.—2002,(1).—102~111

2288 历史的年鉴 文化的载体——清代满族民居"后府"刍议/于海民//北方文物.—2003,(3).—95~97

2289 东北满族民居的特点——乌拉街镇"后府"研究/王中军//长春工程学院学报（自然科学版）.—2004,(1).—36~38

2290 以西为尊的满族民居/姬旭明//中国民族报.—2004.5.28

2291 东北抚顺满族民居的地域特色/唐大为,何锐//辽宁工学院学报（社会科学版）.—2005,(4).—60~64

2292 历史的年鉴 文化的载体——清代满族民居"后府"刍议/于海民//古建园林技术.—2005,(1).—40~42

2293 满族家庭的室内陈设/杨锡春//黑龙江日报.—2005.10.17

2294 清宫御苑中太后、后妃寝宫的建筑形制与特色/白洪希//满族研究.—2005,(4).—94~100

2295 清宁宫——满族民居式的皇帝寝宫/朴玉顺,陈伯超//满族研究.—2005,(3).—85~89

2296 长白山满族草房图论/张玉东//满族研究.—2006,(3).—60~67+129

2297 长白山满族草房图论/张玉东//通化师范学院学报.—2006,(5).—8~12

2298 辽东满族和辽西满族民居的比较研究——以岫岩和北宁为例/于学斌//满族研究.—2006,(1).—103~109

2299 清代玉牒如何运至盛京/张虹//满族研究.—2006,(1).—75~78

2300 沈阳皇家陵寝建筑中的满族特色/滕云//辽宁行政学院学报.—2006,(2).—115~116

2301 传统民居建筑形式中的生态观——以辽宁桓仁满族传统民居为例/张

迪,杨大禹//第十五届中国民居学术会议论文集.—2007.—152~155

2302 东北满族民居演进中的文化涵化现象解析/周立军,卢迪//第十五届中国民居学术会议论文集.—2007

2303 黑龙江流域满族先民居室初论/戴洪霞//黑龙江民族丛刊.—2007,(2).—183~185

2304 满族民居:沐浴冰雪中的别样四合院/周博//国土资源.—2007,(5).—54~57

2305 凝固的艺术 活化的历史——满族传统建筑与满族文化/那挺,曹福存//中国民族.—2007,(10).—38~39

2306 气候影响下的东北满族民居研究/韩聪//哈尔滨工业大学.—2007.7.1

2307 黑龙江满族民居及内部空间艺术研究/单琳琳//装饰.—2008,(10).—116~118

2308 满族民居与乡村景观研究/岳天明,赵伟韬//山东林业科技.—2008,(6).—102~104

2309 东北满族民居建筑特色/张微微//上海工艺美术.—2009,(1).—83~85

2310 辽南小城镇新民居设计实践中满族传统民居元素的传承与发展/邵明,胡文荟,姜兆虹//族群·聚落·民族建筑——国际人类学与民族学联合会第十六届世界大会专题会议论文集:云南大学出版社.—2009.—586~591

2311 满族、朝族、蒙族传统民居居住形式的比较研究/郝佳音//东北师范大学.—2009.5.1

2312 满族传统民居的基本解读/姜兆虹,胡文荟,王丹//云南大学出版社.—2009.—123~132

2313 浅析满族民居与北京四合院空间布局特点之比较/范丽业,马玉斌//安徽建筑.—2009,(6).—29~30

2314 吉林市乌拉街满族镇的"三府"建筑/肖帅,程龙//古建园林技术.—2010,(1).—32~36+85

2315 辽宁满族民居建筑特色研究/王玉//苏州大学.—2010.5.1

2316　论满族传统民居文化/于迪//满语研究.—2010,(2).—111~116+147

2317　满族的起居禁忌与礼仪//满族研究.—2010,(2).—61

2318　满族起居习俗//满族研究.—2010,(2).—90

2319　nahan与karan、hūlan——满语语境中的炕及炕的发明与演变/鲍明//沈阳故宫博物院院刊.—2011.—215~222

2320　东北地区满族的居住习俗/黄岚,张桂元//东北史地.—2011,(4).—65~66

2321　继承与融合——满汉建筑风格在沈阳故宫中的转化过程/沈欣荣//沈阳故宫博物院院刊.—2011.—312~321

2322　沈阳故宫建筑群的轴线/陈伯超//沈阳故宫博物院院刊.—2011.—290~302

2323　东北传统民居文化生态研究/常慧//哈尔滨工业大学.—2012.12.1

2324　东北地区满族居住习俗源流考/黄岚//耕耘录:吉林省博物院学术文集2010-2011:吉林人民出版社.—2012.12.—241~246

2325　满族居住形态的建筑人类学解读/冬利//中央民族大学.—2012.5.1

2326　满族民间传统建筑形式探究/赵伟//内蒙古民族大学学报.—2012,(6).—167~168

2327　满族先民居住形态/阿楚珲//满族文学.—2012,(4).—92~93

2328　沈阳故宫大政殿的建筑艺术特色和功用/李梅//美术大观.—2012,(7).—88~89

2329　探讨满族、朝族、蒙族传统民居居住形式对现代居住环境的启示/郝佳音//神州.—2012,(18).—19

2330　由古老信仰而来的满族居住观念/冬利//中国民族报.—2012.3.30

2331　满族民居禁忌习俗起源与功能/赫亚红,姜亭亭//吉林师范大学学报(人文社会科学版).—2013,(3).—48~50

2332　清代八旗庄园及建筑特色初探/丁涵//中央民族大学.—2013.5.1

2333　沈阳故宫建筑中的满族特色研究/滕云,兰庆高,滕昊//建筑与文化.—

2013,（3）.—66~67

2334　自然崇拜观语境下的满族建筑研究/李双//东北师范大学.—2013.5.1

2335　从满族传统民居内部格局看满族的风俗习惯/李洪伟//中国民族文博（第五辑）：辽宁民族出版社.—2014.4.—370~382

2336　鲜为人知的清皇家萨满教祭祀建筑祭马神殿及其历史研究/姜相顺//中国紫禁城学会论文集第八辑（下）：故宫出版社.—2014.8.—16~19

4.婚育丧葬

2337　满族的夜婚制度/宁昶英//中国民族.—1987,（9）.—40~41

2338　满族婚姻习俗源流述略/杨英杰//民族研究.—1987,（5）.—46~55

2339　清代满族嫁女妆奁/王佐贤//紫禁城.—1987,（6）.—43~44+11

2340　满族儿女定婚/王佐贤//紫禁城.—1988,（5）.—41+19+27

2341　满族丧葬习俗源流述略/杨英杰//中南民族学院学报（哲学社会科学版）.—1988,（6）.—83~89

2342　近代满族婚俗拾零/张心石//黑龙江民族丛刊.—1989,（1）.—64

2343　满洲人结婚之风俗仪式/金筠泉//满族研究.—1989,（3）.—39~44

2344　满族丧仪/王佐贤//紫禁城.—1989,（2）.—24~25+16

2345　福州满族婚俗/王天杞//闽台婚俗——"福建婚俗的调查和研究"研讨会论文集：厦门大学出版社.—1991.8.—297~304

2346　婚俗的演化与历史的进程——福州满族婚俗今昔之管见/王天杞//满族研究.—1992,（2）.—71~75

2347　满族婚礼/史禄国,巴达荣嘎,赵复兴//满族研究.—1992,（3）.—88~93

2348　满族婚俗/史禄国,巴达荣嘎,赵复兴//内蒙古社会科学（文史哲版）.—1992,（4）.—58~63

2349　清代满族的丧葬习俗/岑大利//故宫博物院院刊.—1992,（4）.—91~94

2350　早期满族婚姻家庭形态的变革/王冬芳//辽宁大学学报（哲学社会科学版）.—1992,（6）.—20~23

2351　青州满族婚俗/李凤琪//满族研究.—1993,(2).—52~53

2352　清入关前满族丧葬习俗的时代特征/佟悦//满族研究.—1993,(3).—30~37

2353　满族传统丧葬习俗/塔娜//满族研究.—1994,(1).—48~52

2354　对清太祖太宗时期满蒙联姻的再认识/刘潞//清史研究.—1995,(3).—1~10

2355　早期满族多妻家庭中的媵妾与妒妇/王冬芳//清史研究.—1995,(4).—103~106

2356　《红楼梦》对满族夜婚习俗的表现/陈伯霖//黑龙江民族丛刊.—1996,(2).—102~104

2357　《红楼梦》与满族生育习俗/陈伯霖//黑龙江民族丛刊.—1996,(4).—108~110

2358　青州满族婚俗/李凤琪,唐玉民//民俗研究.—1996,(4).—58~59+61

2359　清代皇族婚姻问题初探/陆可平,程大鲲//满族研究.—1996,(2).—22~24

2360　满族及其先世丧葬习俗之流变/蒙林//内蒙古社会科学(文史哲版).—1997,(4).—54~60

2361　老北京婚礼中的满族习俗/瀛生//世纪.—1998,(3).—58~59

2362　老北京丧礼中的满族习俗/瀛生//世纪.—1998,(5).—54~55

2363　辽宁农村满族婚俗的变化——以两户三代人的婚俗为例/何清滢//满族研究.—1998,(3).—60~65

2364　满族姑娘的婚嫁/都术艳//兰台内外.—1998,(3).—64

2365　满族早期的一夫多妻制及其在清代的遗存/定宜庄//清史研究.—1998,(4).—37~47+81

2366　试论满族育子习俗/李丽达//黑龙江民族丛刊.—1998,(4).—97~99

2367　满族婚俗趣话/曹保明//农村天地.—1999,(10).—20~21

2368　蒙、满、回、汉四族通婚研究——呼和浩特市区的个案/王俊敏//西北

民族研究.—1999,(1).—157~169

2369 子弟书《鸳鸯扣》中的满族婚俗/佟悦//第二届国际满学研讨会论文集（下）：民族出版社.—1999.—447~457

2370 论清代人殉制度的演变/葛玉红//满族研究.—2000,(4).—39~42

2371 满族的婚恋习俗/李云霞//满族研究.—2000,(3).—54~57

2372 清初陵寝之殉葬/冯秋雁//满族研究.—2000,(2).—44~47

2373 清时满族葬俗浅论/汤夺先//青海社会科学.—2001,(2).—104~108

2374 满族先民的婚俗/杨惠滨//中国民族报.—2002.7.19

2375 清代满族的婚俗/阎立新,夏春冬//兰台世界.—2002,(10).—43

2376 满族传统婚姻习俗的民族特色/杨洋,张德玉//满族研究.—2003,(3).—72~78

2377 满族收继婚的历史变迁/罗惠翾//兰州大学学报.—2003,(2).—56~61

2378 浅论早期满族婚姻形态的宗法性/何海龙//广西右江民族师专学报.—2003,(4).—7~10

2379 略论清代黑龙江少数民族的婚丧风俗/周喜峰//满语研究.—2004,(1).—111~115

2380 满族人的婚姻习俗——从《唐氏家谱》家训篇看满族人家族生活/高志超//佳木斯大学社会科学学报.—2004,(1).—84~85

2381 浅析古代满族婚姻形态的宗法性/何海龙//满族研究.—2004,(1).—74~78

2382 满族摇车及民谣/孟聪//满族研究.—2005,(2).—122~124

2383 浅谈青州北城满族的婚礼民俗/李佳//东南文化.—2005,(1).—62~64

2384 清朝入关前后满蒙联姻及满族婚俗新变化/李铁//商丘职业技术学院学报.—2005,(4).—61~62

2385 从安达里殉葬墓的发掘谈清初的人殉制度/孙继艳//满族研究.—2006,(1).—79~81

2386 论扈伦四部与建州女真联姻的特点与影响/郝素娟//满族研究.—

2006,(2).—33~38

2387　清原镇族际通婚的变迁/吉国秀//满族研究.—2006,(1).—99~102

2388　各具特色的满族婚俗和八角鼓文化/于亚军//呼和浩特日报（汉）.—2007,(7

2389　略论金代女真人婚姻形式的演变/夏宇旭//满族研究.—2007,(4).—82~85+121

2390　满族的生育风俗/王茵//牡丹江日报.—2007.12.27

2391　试析婚姻对渡台粘氏宗族发展的作用/麻健敏//满族研究.—2007,(4).—98~104

2392　论满族婚嫁习俗的嬗变/张洋//吉林大学.—2008.4.10

2393　满族皇室婚姻制度研究/李晓莉//西南政法大学.—2008.4.1

2394　满族民间婚俗演变/王莹//吉林大学.—2008.4.1

2395　满族育儿习俗的嬗变/郭莲纯//满族研究.—2008,(3).—100~104

2396　清代东北地区满族晚婚现象初探/付永正//传承.—2008,(24).—102~103+136

2397　清末民初东北地区满族婚俗特征/聂翔雁//白城师范学院学报.—2008,(2).—29~32

2398　从"放偷日"习俗看女真族早期婚制与经济生活/刘肃勇//满族研究.—2009,(1).—83~86

2399　金代女真的婚姻形式和习俗/刘筝筝//满族研究.—2009,(1).—87~90

2400　近现代以来满族婚俗礼仪/王莹//安徽文学（下半月）.—2009,(6).—353

2401　满族先世婚俗礼仪/王莹//安徽文学（下半月）.—2009,(4).—310

2402　满族与鄂伦春族生育习俗的成因比较/丛培欣//满族研究.—2009,(3).—103~107

2403　承德地区满族婚礼仪式变迁的人类学研究/曾令欣//吉林大学.—2010.4.1

2404　从民族融合的角度看满族丧葬习俗的变化/李佳静//学理论.—2010,（20）.—90～91

2405　满族传统婚姻家庭法文化研究/李畅//河北法学.—2010,（8）.—37～42

2406　满族婚俗考述/刘中平//社会科学辑刊.—2010,（4）.—199～203

2407　满族婚俗文化略论/高松//满语研究.—2010,（2）.—117～123

2408　满族民间婚俗回顾/刘中平//满族研究.—2010,（2）.—57～61

2409　满族说部中的肃慎族系婚俗/杨春风//东北史地.—2010,（5）.—88～91

2410　清代满族的丧葬习俗——从《御制增订清文鉴》谈起/关笑晶//满语研究.—2010,（1）.—91～103

2411　北京旗人婚俗在清代说唱文学中的体现/郭晓婷,冷纪平//北京社会科学.—2011,（2）.—90～94

2412　清入关前满族民间丧葬习俗/赵维和,赵荣利//沈阳故宫博物院院刊.—2011.—525～530

2413　"满汉不通婚"轶闻/阿福//满族文学.—2012,（1）.—101～102

2414　记忆军旅文化的满族婚俗/施立学//吉林劳动保护.—2012,（4）.—47～48

2415　老北京婚礼中的满汉习俗/爱新觉罗·瀛生,郑再帅,殷芳//北京学研究2012：北京文化与北京学研究：同心出版社.—2012.10.—164～172

2416　满族婚姻习俗的变迁/王淳//延边大学.—2012.6.4

2417　满族摇车的设计科学/蒋兰//大家.—2012,（3）.—71

2418　满族早期一夫多妻制及其在清代的遗存/定宜庄//满族文学.—2012,（1）.—80～90

2419　走近满族文化——浅谈满族文化中的婚育礼俗和宗教信仰/贾冬雪//剑南文学（经典教苑）.—2012,（2）.—224+226

2420　广州满族坟场叹情说事/沈延林//满族文学.—2013,（4）.—87～94

2421　论满族入关前后婚俗中结婚年龄的演变/王磊//才智.—2013,（9）.—219

2422 满族的传统婚俗/李影//国学.—2013,(12).—41

2423 清朝入关前满蒙联姻研究——以额驸为考察对象/李文//辽宁大学.—2013.5.1

2424 清代满族阶层婚/杨雪//法制与社会.—2013,(34).—7~8

5.礼仪礼节

2425 满族请安礼/木叟//紫禁城.—1987,(1).—31~32+23

2426 满族的文明礼貌和敬老之风/关德章//道德与文明.—1988,(6).—24~25

2427 满族应酬往来/王佐贤//紫禁城.—1988,(4).—16~17+35

2428 《红楼梦》与满族礼俗文化/陈伯霖//黑龙江民族丛刊.—1996,(1).—112~118

2429 从入关前档案看满族抱见礼俗/杜家骥//历史档案.—1998,(2).—81~83

2430 清初满族跪拜礼简述/孙启仁//第三届国际满学研讨会论文集:民族出版社.—2002.—207~218

2431 从满族家庭礼俗看其民族的伦理道德观/王明霞//吉林师范大学学报(人文社会科学版).—2003,(3).—33~34

2432 关于光绪朝玉牒尊藏盛京皇宫礼仪变通几个方面的问题/吕霁红//满族研究.—2007,(3).—75~79

2433 满族的抱见礼/韦泽//满语研究.—2007,(1).—90~94

2434 满族座次尊卑辨——清入关前满族宾礼研究/王丽//满族研究.—2007,(2).—36~43

2435 从满族谱牒看满族孝道/于鹏翔,王宏一,国晓娟//吉林师范大学学报(人文社会科学版).—2008,(4).—75~76+94

2436 满族风俗及礼节/王茵//牡丹江日报.—2008.7.16

2437 满族人生仪礼中的萨满遗俗/李岩//西藏民族学院学报(哲学社会科学版).—2008,(6).—84~86

2438 萨满教对满族岁时节俗的影响/李岩,张春阳//通化师范学院学报.—2008,(9).—56~58

2439 满族的礼仪文化探究/贺璞薇//辽宁师专学报(社会科学版).—2012,(5).—34~36

2440 清末民初北京满汉人生仪礼比较浅论/田莉莉//内蒙古农业大学学报(社会科学版).—2012,(4).—304~306+322

6. 节日节令

2441 满族颁金节的由来/布尼阿林//承德民族师专学报.—1995,(3).—101

2442 满族命名纪念与"满族颁金节"/柳湖//满族研究.—1995,(2).—50

2443 满族的春节/方建芝,贺建秀//兰台内外.—1999,(1).—60~61

2444 满族颁金节溯源/施立学//吉林日报.—2000.11.7

2445 满族"颁金节"掠影/桑玉柱//学问.—2003,(11).—2

2446 满族民间节日——中元节/赵书//满族研究.—2004,(4).—88~89

2447 城市传统少数民族的民俗建构与族群发展——解读广州世居满族的现代族群节日"春茗"/关溪莹,师玉梅//广西民族研究.—2006,(1).—69~72

2448 满族"颁金节"/林荣耀//东北史地.—2006,(5).—16

2449 满族的农耕与时令/关治平,王茵//牡丹江日报.—2008.9.17

2450 传统岁俗节日中的满族特色/刘中平,鞠延明//满族研究.—2009,(4).—103~109

2451 仪式、记忆与知识传承——辽东满族"二月二"节俗调查/詹娜//满族研究.—2009,(3).—114~120

2452 满族"颁金节"与非物质文化遗产保护/石少涛//辽东学院学报(社会科学版).—2010,(5).—153~156

2453 满族"颁金节"与非物质文化遗产保护/石少涛//满族研究.—2010,(4).—53~56

2454 民俗学家:颁金节是满族的诞生日/李彤,张娇岩//沈阳日报.—2010.11.19

2455　试析满族节庆风俗对满族民间舞蹈音乐的影响/张丙娜//辽宁教育行政学院学报.—2010,（5）.—135～136

2456　长白山满族年俗文化的意义/张玉东//通化师范学院学报.—2011,（3）.—58～61

2457　传统民族节日的现代命名与重新构建——以满族颁金节为例/戴淮明//黑龙江民族丛刊.—2011,（2）.—110～113

2458　节日展演与族群认同——以新疆满族村落苏拉宫村"颁金节"为例/沙奇,龙开义//喀什师范学院学报.—2012,（4）.—46～48

2459　满汉共俗与满族特色——以锡克特里氏（石姓）家族龙年春节为例/陈明宏,陈昊//吉林师范大学学报（人文社会科学版）.—2012,（3）.—49～52

2460　满语二十四节气初探/时妍//黑龙江民族丛刊.—2012,（5）.—168～172

2461　满族"颁金节"/关义勇//新长征（党建版）.—2012,（1）.—62

2462　科尔沁右翼前旗满族屯满族乡满族春节习俗探析/季文慧//内蒙古师范大学.—2013.4.30

（三）民族学与人类学

2463　清代的满汉民族关系与满族的阶级关系/李燕光//中国民族.—1962,（7）.—25～33

2464　岫岩县满族的民族特点考察/张其卓//民族研究.—1981,（3）.—26～35

2465　满族兴起与东北民族关系的变化/杨学琛//满族研究.—1988,（3）.—18～23

2466　剖析满族人民参加辛亥革命的原因——纪念辛亥革命八十周年/袁锋//中央民族学院学报.—1991,（4）.—22～25+37

2467　浅论清代满族改操汉语问题——兼谈满汉民族关系/王会银//中央民族学院学报.—1991,（4）.—63～69

2468　浅论福建满族的民族意识/定宜庄,胡鸿保//中央民族学院学报.—1993,（1）.—51～54+66

2469　满族青少年头面部特征分析/韩向君,段秀吉,吴真,韩长青,冯力民//

人类学学报.—1994,(2).—159~164

2470　从满族崛起统一中国看正确处理民族问题的重要性/支云亭//清史研究.—1995,(3).—101~105

2471　满族社会文化变革与民族的发展/果洪升//满族研究.—1999,(4).—50~52

2472　孙中山的反满民族主义思想别论/郭世佑//清史研究.—1999,(4).—40~49

2473　从族谱编纂看满族的民族认同/定宜庄,胡鸿保//民族研究.—2001,(6).—58~65+108

2474　辽东满族的仪式与象征研究/吴凤玲//中国社会科学院研究生院.—2001.4.1

2475　章太炎反满反帝思想新论/沈雨梧//浙江师大学报.—2001,(6).—41~44

2476　黄帝部落与古满——通古斯族群/庄寿雨//满语研究.—2002,(1).—93~101

2477　清代满洲人的民族主体意识与满洲人的中国统治/欧立德,华立//清史研究.—2002,(4).—86~93

2478　从《碧血剑》内外看满汉间的族群互动/定宜庄,胡鸿保//天津师范大学学报(社会科学版).—2003,(1).—28~33

2479　从疫病防治看满族的民族精神/刘彦臣,刘贵富//满族研究.—2003,(4).—48~54+85

2480　论清末知识人的反满意识/杨国强//史林.—2004,(3).—1~24+126

2481　清代黑龙江汉军旗人的族群意识/吴晓莉//满语研究.—2005,(2).—77~80

2482　清前期的满族民族意识与满汉文化交融/栾凡//学习与探索.—2005,(1).—155~159

2483　入关前满族的人本思想/何溥滢//满族研究.—2005,(2).—75~79

2484　论东北满族民族民主革命思想/关捷,关伟//满族研究.—2006,(3).—24～30

2485　论满族崛起时的积极进取精神/陈晓光//满族研究.—2006,(1).—63～67

2486　清代驻防八旗与当地文化习俗的互相影响——兼谈驻防旗人的族群认同问题/潘洪钢//中南民族大学学报(人文社会科学版).—2006,(3).—59～63

2487　试论清初满族的族群认同意识/王淑英//青海民族研究.—2006,(1).—57～59

2488　浅析入关前满族旗人与旗人意识/钟百红//东北史地.—2007,(6).—75～76

2489　清代满族文论的民族精神/鲍鑫//西北民族大学学报(哲学社会科学版).—2007,(2).—92～95

2490　同为马上民族——蒙古族与满族的民族性格之比较/栾凡//吉林师范大学学报(人文社会科学版).—2007,(6).—47～51

2491　消失的城市满族——以沈阳满族群体变迁为例的城市满族人的民族性/袁正//理论界.—2007,(6).—204～205

2492　由氏族到八旗——满族民族认同中的矛盾现象/李典蓉//黑龙江民族丛刊.—2007,(6).—111～119

2493　从八旗家谱看满族的民族构成/谭黎明,杨永旭//吉林师范大学学报(人文社会科学版).—2008,(4).—80～82

2494　略论近代反满的原因及其影响/陈树智//聊城大学学报(社会科学版).—2008,(1).—62～68

2495　论满族入关前的民族认同意识/王明霞,张佳生//中央民族大学学报(哲学社会科学版).—2008,(5).—11～18

2496　闪耀着现代人文光芒的民族观——系列论文"老舍对满族及中华文化的忧思与自省"之三/关纪新//西南民族大学学报(人文社科版).—2008,(2).—121～125

2497 "鞑靼"话语:十七世纪欧洲传教士关于满族的民族志观察/张先清//学术月刊.—2009,(2).—118~127

2498 从骆宾基的《混沌初开》看满汉民族心理的常与变/谢淑玲//满族研究.—2009,(1).—101~104

2499 从桐城桂林方氏家族看清朝前期满汉民族磨合/金卫国//安徽史学.—2009,(6).—77~82

2500 民族心灵的风景——满族神话中女性形象的文化人类学考察/娄佰彤//长春大学学报.—2009,(1).—107~110

2501 乾隆时期满族的民族意识与长白山/张佳生//满语研究.—2009,(1).—103~110

2502 寻找满族——思考"少数民族社会历史大调查"及其影响/定宜庄,胡鸿保//清华大学学报(哲学社会科学版).—2009,(2).—39~47+159

2503 "民族"的边界与认同——以新宾满族自治县为例/刘正爱//民族研究.—2010,(4).—54~63+109

2504 大学生民族认同的心理适应研究——以黑龙江省某高校满族大学生为例/杨晓梅//黑龙江民族丛刊.—2010,(4).—141~144

2505 论当代满族作家民族身份的认同/闫秋红//西南民族大学学报(人文社科版).—2010,(9).—223~227

2506 论肃慎女真族系研究在中外民族史研究中的地位和作用/周喜峰//满族研究.—2010,(2).—6~10

2507 满族大学生民族认同的调查与分析——以黑龙江某高校为例/夏权威//黑龙江民族丛刊.—2010,(3).—119~122

2508 关于太平天国的反满问题/姜涛//清史研究.—2011,(1).—90~96

2509 满族5项舌运动类型的人类学研究/于文娇,温有锋,席焕久,邵帅,杜雪,王超//解剖科学进展.—2011,(1).—71~73

2510 满族萨满神话的民族性研究/谷颖//长春师范学院学报.—2011,(5).—73~77

2511　清末预备立宪时期的平满汉畛域思想与满汉政策的新变化——以光绪三十三年之满汉问题奏议为中心的探讨/李细珠//民族研究.—2011,(3).—35~50+109

2512　论民国时期满族作家的民族意识/闫秋红//中央民族大学学报(哲学社会科学版).—2012,(4).—111~116

2513　满族与中国东北地区各民族母系亲缘关系的遗传学证据/于长春,赵永斌,孙文怡//吉林农业.—2012,(10).—262~264

2514　清代满(洲)族的崛起与中国社会的变迁/李治亭//辽宁大学学报(哲学社会科学版).—2012,(3).—1~12

2515　"齐满人之心志;逐共和之权益"——民国前期满族同进会及其权利诉求/王宇//中国边疆民族研究.—2013.—138~150+371

2516　"山东满族人":族群分类的国家话语与草根叙述/关凯//西南民族大学学报(人文社会科学版).—2013,(2).—7~13

2517　满族"五五三"民族形成历程探究/郑善伟//哈尔滨师范大学.—2013.6.1

2518　满族的八旗意识与国家意识——清代满族民族意识的形成发展(续)/张佳生//满语研究.—2013,(2).—104~109

2519　满族的女真意识与"满洲"意识——清代满族民族意识的形成发展/张佳生//满语研究.—2013,(1).—121~128

2520　满族汉化:对新清史族群视角的质疑/章健//深圳大学学报(人文社会科学版).—2013,(3).—153~160